いようにして育った。昭和二十年三月。日

本中の大人も子供も不安の真只中で暮らし、

国家からの情報と日々を生きる感覚の正直さ

との間に大きな差異を感じ…

いばかりながら「勝つ」

「終はる」ことを願う毎日。

こと

放で自

上に、繊細で臆病だった母、その

中で育っ

ミニシミテ

田中泯

講談社

トーレス・ヴェドラス主催ビエンナーレ「Novas Invasões」でのソロ公演期間中、
街の中、路地、教会、海岸など、様々な場所でプライベートに場踊りを行った

知性とは体裁のよいものばかりを言うのではない、
ときには格好悪く常識をくつがえすものなのだ。

はじめに

僕がこうしてえんぴつを動かして原稿用紙に文字を記している、この瞬間に、僕は過去から未来へと移動しています。一瞬前のことが過去のことだとすると、十分ほどの過去に、二日過去の晴天の日に種子《たね》播《ま》きしたキャベツの発芽が気になって、まだまだ、とは分かっているものの、小雨の中ご機嫌よう、と外に出て気分を変えてきました。昨日耕耘《こううん》した畑は雨に濡れて黒く、その黒の中から千切れた草の緑が鮮やかに点在しています、とてもきれいです。

世の中では未来未来と念仏のように語られ書かれていますが、それは一体いつのこと、いつから未来なの、今ってどういうこと、と聞きたくなるのです。僕のえんぴつは次々と未来を通過しながら動いています、こんな実感はおかしいのでしょうか。でも、どこかに未来がある、と思うよりは向こうからやってくる未来に「ヨッ!」とか何とか言いながら僕の未来を開放した方が余程現実的じゃないか、と思ったりするのです。

近頃のニュースで流れてくる未来は、驚く程の期限つきの金がらみの逃れることのできない未来という巨大な容器のように思えてなりません。僕達のリーダーは人間一人一人・個々人の集まりを背負って立つべき人なのではと思います。「我が国」などという自己主張をやめて「私達日本人は」と、試しに言ってみてはどうでしょうか、勉強のやり直し! 人間としての生き方の過去から未来。膨大な量の失敗と錯誤。何も語らずに死んでいった人々の数、これこそが絶対多数なのです。過去を引き寄せない未来は暴力です。

えんぴつが考えているわけではないけれど、山梨日日新聞の連載で僕と地球世界の過去・現在・未来を混合しながらの原稿を引き受けることになりました。えんぴつを使い原稿用紙に書くことに決めました。何だかこの方法が僕には相応《ふさわ》しい。過去も未来も、現在のこの用紙に集まってくるような気分です。楽しい。えんぴつが歩きます。

この年三月、斯《か》く申す僕、七十歳に成りました。かつてオドリの未来に悩んでいた僕、四十歳の決断でした。山梨県の白州町《はくしゅうちょう》（現北杜市《ほくとし》）に仲間とともに移住を決め、大地に這いつくばることを決めたのが三十年以上前のことでした。白州は東が開け残り三方向は山。山に向き合う形での暮らしがこのとき始まったのでした。踊り人生五十余年の大半を山梨ですごしていることになります。三十年以上続けてきた農業でも必死に時間を見つけてカラダごと自然の仲間入り学習を繰り返しています。先の保証（？）の無い人生だけど、毎日、何かを思い実行することの楽しさは青春だ。

さて、えんぴつを握って原稿用紙と歩む連載が十年目、オドリを自分の生きる訳の中心として世の中や人の歴史・自分の歴史に目を向けさらに地球に生まれたことへの驚き、などなど枯れることのない青い好奇心に誘われて、生きる時々の気持ちや気分・気概を文字に変えてきたのでした。絶えず、僕の内でうごめく言葉達を文章にして外に出す、殆《ほとん》ど素人同様の文章力を気にもせず、飾らず正直だけが頼りの連載でした。いつ終えるのか誰も知らない連載の一部を書籍化する提案をいただきました。有り難いことでした。

世界・世の中が人類の歴史のトピックスをさらに強調するかのように近年、災害や戦争、貧困・差別などなどが列をなして僕達生命活動の周辺にときに自身に関わってきています。ヒトは誰もが唯一無二のカラダの持ち主として生きています。例外は居ないしそう成ってはいけないのです。完成しない未熟を大切に思う僕の連載の書籍化を承諾しよう、と思ったのでした。

目次

はじめに　1

第一章　カラダの言葉

世間体はどうする　14
怪少年　16
カラダの言葉で考える　19
動作に現れる心を読む　22
監視カメラがとらえた不審な動き？　24
カラダに染み込む音読　27
北斎に成る　29
感じたもので僕はできている　32

第二章　脱皮

恥ずかしくないか人間　34
片仮名で書くカラダ　37
カラダに自信はあるか　40
年相応というのが分からない　43
十代後半、八十円ハウスに居た　48
友はみな僕より大人だった　50
蒸発衝動　52
虚弱で小さい少年は　55
父は何故、死体を見せたのか　57
カネはフィクションだ　60
五十七歳の脱皮　62
口説かれてみるものだ　66

感覚が言葉に優っている人　68
人生に飽きたら稽古をしよう　72
人生の余白には他者がひしめいている　74

第三章　名付けようのないオドリ

空気・空間を変えるオドリ　78
僕は地を這う前衛である　80
一体その人には何があるのだろう　83
プラハ、檻の中で裸を晒す　87
優位に立たない戦略？　90
サンタ・クルス、檀一雄と高倉健　93
ドロップアウトしたポルトガル　96
六千六百万年前の地球でオドる　100
ラ・ママで流れたアフリカの歌声　102

第四章　因縁

僕は野ざらしの墓場でオドった　105
オドろう、浪江町で、一匹の蜘蛛と　108
洗礼堂で心の風景を呼び戻す　111
僕は運の良い男だ。熱くなった　113
世界を知る為にオドリはある　117
名付けようのないオドリ　120
感覚をひらき解放してゆく映画に　124
モスクワ、抵抗する者達の記憶　126
常識破りという伝統を身につけた京都人　132
奄美、源兵衛の夢の現場　134
性格・業・運命、クソ！　138
熊楠との縁、憧れの宇宙線　140

第五章　農の暮らし

誰もが因縁の主だ、どうすべ　143
骨が土に還る日まで　145
僕に答えるのは僕のカラダ　149
白州の風景に重なる面影　151
ミニシミテ　156
野の生命と一緒にいること　158
ダンサーはカラダと生きる人　161
斜面に暮らす人々　164
感覚は発見するもの　166
「多様化」に悶々　168
悪夢は見るまえに見ておくべし　170
植物は愛のモンスターだ　174

第六章　利己的な好奇心

田中B吉、わが家に来る　177
田中B吉、失踪前夜　180
田中B吉、失踪の謎に迫る　182
大事にしている言葉　185
何度でも立ち止まるぞ　190
生命ドラマチック！　192
明日は何して遊ぼうか？　195
オドリという空想行為　197
単細胞だった命に遡れば　200
「僕は××億七十一歳です！」　202
伝書鳩のむかし話　205
「何故」や「不思議」が無い世界　207

第七章　人間なのだ

「気」になる　212
人間の業を見つけた　214
現代人の痛み　216
「種のルール」は無いのか　219
僕の中の子供　222
地球人というＩＤ　225
檜山節考　227
「人の数だけ答えがある」　230
二〇二一年、坂本龍一「ＴＩＭＥ」　232
戦後は終わらないよ、若者よ　236
井月　ただ大切なのは自他の命　238
見せしめの刑　242
大きなカタマリが記憶に加わった　244

第八章　オドリの言葉

あなたも地球になりますか？　248
言葉が生まれる前のオドリ　250
言葉からの解放　253
偶然はひとつではない　255
オドリは体育系なのか　258
オドリ続ける訳のひとつが　260
僕のカラダで彼らがオドる　263
唯一無二の人として生まれる　265

おわりに　268

第一章

カラダの言葉

世間体はどうする

二十代前半、オドリに望みを託し、定職を求めず、アルバイトをしながら、生きてゆくギリギリの暮らしを受け入れていた時代がある。衣・食・住にたいした誘惑も感じずに周囲の人々と比較して悩むこともなく、堂々とまではいかないが惨めな思いの生まれる暇も隙もなく若者らしい充実感を抱いていたのだと思う。半世紀昔の話だ。

自分で言うのも何だか照れるが、アルバイト探しは得意だった。戦後二十余年、すでに、汚い仕事や疲れる仕事は嫌われていた。オドリを目指していた僕には他人の殺到しないカラダ資本の仕事が魅力的ですらあったのだ。早朝の公園に出かけ日雇い労働者の群に混ざり建築現場の作業を続けてボロのようなカラダでオドリの稽古に通ったこともある。疲れたカラダにオドリを吸収させる、娯楽としてのオドリなら絶対に続かなかったろう、なぜか芸術としてのオドリに僕は誘われてしまっていた。

小さな頃から謂《い》わば貧乏暮らしを普通と思っていた僕は、金持ちの家にテレビを見せてもらいに行ったり、運動会で友達の家族に招かれ昼飯を分けてもらうことに何の引け目も感じることはなかった。ずうずうしいとも言えるが、何よりも観察することが性分になっていた僕には家族から離れた外の世界を見ることが面白く楽しかったのだ。どんな訳があって金持ちだったり貧乏だったりするのかは分からなかったが、友達に誘われ訪れた家で家族とりわけ大人の観察に僕の好奇心は沸騰した。

僕は小さかったがこの頃から好きな大人、嫌いな大人という判断が生まれ始めていたように思う。父から世間体という言葉を教わったのもこの頃なのだろう。警察官だった父は少なからず世間体を保持しなければ生きていけない職業の人だった、が、奔放で明るかった母と塩梅《あんばい》の良い夫婦のもとで育った僕は幸運だった。

二十代前半、どんな大人に憧れ目標とするのか、転々と住所を変えアルバイトを変えオドリの稽古に通っていた僕には、世間体は殆ど意識にはなかったように思う。心の温かさが好きなのに激しさを求め、見かけの自分よりも裸の自分をかたくなに維持し、自分の嘘を恐怖するような性格も、小さい頃の下地はあったにせよ二十代前半の暮らしの中で僕自身がこだわり続けている僕の大人像だ。一度の一生をすごす自分自身に興味をもち続けられるのか、常に一寸先の選択を楽しむ権利も義務も僕にはまだある。いや僕達には、か。

どんな大人になって生を終えるのか、僕は自分自身に興味津々だ、カラダは死ぬまで止まらない、ずっと僕であろうとし続けてくれる。反故《ほご》にしてはならないのだ、僕とカラダの隅々に及ぶ僕の延長。世間体が気になる人は同じくらいにカラダを気にしてみるとよい。他者を感じる能力はカラダから始まる。十八歳で成人という制度が僕の嫌いな大人達によって決められたようだが、糞くらえ！　だ、大人って何なのだ、有史の地球の塵の一個になる為に大人への途上を生きているのがヒトではないのか。

2018/6/22

怪少年

僕はいつも不安だ。いや安定を目指してはいない、と言った方がていねいか。石橋を叩いて渡るタイプの人ではなく、綱渡りほどではないけれど足元のあやうい状態にカラダをゆだねしっかりするのが好きな人のようだ。これは僕の主義・思想なんぞではなく、生き物的実感だ。この「実感」だが上手く説明できない、言葉のみで人は生きてはいない証拠だ。「もっと生きる！」という言葉を毎日つぶやいていた三十代、確信などとは程遠く、オドっ

アメリカのモダン・ダンスに区切りをつけ
独自の舞踊活動に入る直前、20代後半の著者

ているときのように生きることを願っていた。言葉を支えるカラダの平衡感覚、グラグラする自分、ドキドキする自分、自信のない自分、安定とは無縁だった。安定してどうする！　安定のさきには何がある？　とも思っていた。

日本の世の中は安定こそが善であるかのように動いているけど、本当かな？「この道を、強く、前へ」と、国の人は言うけれど、僕には、道も強くも前へも三つの言葉のどれもあやしく聞こえてくる。この道ってどんな道、一体どう強くあればいいの、前にしか人類は進まないの。あんな言葉で心動かす人が世の中にいるのだろうか。「この道」と「レール」という言葉を使って指導されたことが幾度もあった、「君の将来の為のレールだ」と。勝手なことを言わないでくれ、俺は運ばれるのは嫌いだ、と思ったものだ。何故かレールと言われると、トロッコに乗せられ運ばれてゆく風景が浮かんでくる、変ですかね。

小さな小さな頃、一つ一つ言葉を習い、口に出して憶えていった。「山」「花」「川」「木」「火」「空」……ずっとずっと続いた不思議で奇跡的な幼年時代。あの時代の言葉との出会い、言葉の発見の感覚を、どうやったらとりもどせるのだろうか。僕が初めて嘘をついたときの身体感覚。うっすらと……友達を裏切ったときの記憶は残っている。自分の口からカラダから言葉が出ることへの「ムク」な感覚。七十年を越えて生きているこの田中泯というカラダにも「ムク」で恥じらうような子供の頃の感覚が生き残っている、と確信している。

僕は安定した立場や椅子を目的に生きている者ではない。「ムク」な自分に恥ずかしくないように生きる。「もっと生きる！」「今も子供だ」。世界は大人を演じている。一体いつからみんな大人になってしまったんだ。前に進むと、そこには大人という怪物が「ようこそ！」と手を拡げて待っているのか、俺は指のピストルで「バーンッバーンッバーンッバーンッ」と怪物大人をねらって撃ち続けるような怪少年であり続けたい。

2016/7/15

カラダの言葉で考える

言葉は人によって、時代によって、その意味や使われ方が違ってしまう。あるいはその人の暮らす環境によってもその重みは違ってくる。どんな言葉であれ人はそれぞれに違った受けとめ方をしている、と思った方が確かなのだ、と思うようになって久しい。名前として使われる言葉（名詞）はともかくとして、言葉は本来、カラダから口を通じて外に出てきたり、手に握られたえんぴつやペンで表現されたものだった。言葉の意味や趣の違いはカラダで修正され、さらに言葉そのものが成熟して使われ思考をより円滑にしてくれる、が、近頃はこの修正や調整の場と機会が昔に比べてひどく少なくなってしまったように思う。

言葉が名詞化してしまっているのではないだろうか？　初めに書いたように言葉は人それぞれ微妙に意味が違うのだ、僕達は年を重ねるにつれ、機会を得るにつれ言葉を成長させている。とても自然なことだ。自然ついでに言えば、言葉の意味や趣は、あえて「考える」という態勢に入らずとも脳が自然に動いてくれるのだと思う。言葉を使うとき人は自然に経験や思考による規定をもって口から出したり書いたり、いや聞いたりもしているのだ。辞書のおかげももちろんだが、他者の言葉を聞いたり眼にしたりすることから学習することこそが、言葉そのものの営みだと言えなくもない。つまり言葉は個性を具《そな》えている、カラダあっての言葉だ。

上手な例が見つからず困っているのだが、例えば「ワカラナーイ」や「感動した〜！」と多くの人が同じ対象に向かって発するとき、この記号のような言葉は一体何を意味しているのだろう、と思ってしまうのだ。名詞のように使われている言葉、つまりその言葉を使うことで思考停止の状態になれる共同性とでも言うのだろうか、考えなくて済む共同性、その時その場に参入を許される共同性。あぁここでもまた多数に加わることの安心に話が行ってしまうのか、何ともやるせない。

一つのカラダ・a bodyという語を、この身に引き受けようと決心をした。一つのカラダの意味と居処往来を自らを例題にして突きつめよう、と思った。カラダは言葉の裏で悲鳴をあげている。個性をもったカラダが「無名のそして無言の束」にされ、投げ捨てられる歴史の繰り返しに言葉の時代は去ったのか？ と叫び出したくもなる。僕の住居はカラダの中、所番地はない。僕のカラダは博物館、父も母も弟もそして幼い僕自身も生きている。幼いままで怒ったりわめきちらしたりしている。自由だ。嘘つきな言葉は僕のカラダの中では逮捕される、その罪は、カッコ悪いから。僕のカラダはいつも教えてくれる、人に見えない所でこそカッコよくすごせ、と。カラダこそが永久に僕自身だ、それも、たった一個だ。面白いじゃないか、此処《ここ》からしか始まらない場所、僕のすみか。ときに僕はカラダ自身に成る。最高！

2017/3/10

動作に現れる心を読む

部屋の窓を誰かが開ける、自分がそれを見ている、と想定してみよう。窓が開くということは外の風景が見えるようになる、空気が風が温度が入ってくる、あるいは出てゆく、と同時に音や匂いが現れる、という事態の変化が生じることだ。斯くしてその窓を誰かの手が開ける、忙《せわ》しげに、荒っぽく、突然に、ゆっくりと、やさしく、面倒くさそうに、ていねいに、教えるように……などなど際限なく開ける動作を表す言葉は続く。日本語は恐ろしい程に動作の質を表現する言葉に支えられている。この質はカラダの表情つまり感情・心の現れととらえることができる。カラダは間違いなく動作しているのだが、気持ちは他所《よそ》にあるようなこともある、これもまたカラダの表情と言える。一つの単純な動作でもその動作の主人公のカラダの内部の状態が表情として見えてくる。

僕達の日常は意識の有無にかかわらず、見えない気持ちの動きがカラダの内に生まれ同時に外側に見えるようになりはじめて動作となる。一言で表せることがその場そのカラダで多くの異なる表現になってしまう。面倒くさいなと思われる方も多いかと思うが、このことが人間の証しだと言っておかないと、僕達の動作の場は次々とロボットに乗っ取られますぞ。多数の動作のニュアンスがあったからこそ選び抜かれた所作が伝統として残ってくれて在ると思うのだ。

　さて窓を開ける動作を見ている人の内部が動きをもちそのカラダに現れる。いよいよ混沌としてしまうが、この複雑さを人間は自ら創り上げてきたのだ、と言いたい。人間の文化はときに回りくどく、分かりにくく、言い訳ばかりで誤解だらけ、その上出鱈目《でたらめ》を喜んだりして、言い方によっては暗黒なのだ、つまり見えない余白だらけが僕達の文化だと言えなくもない。一個の人間の内部の動きの果てしなさを思うと表現などという言葉の軽薄さに涙してしまいそうになる。表に現れる、他者が気が付こうが付くまいが、分かろうが分かるまいが、カラダには現れてしまうものが無数に有る。表現という言葉は大雑把すぎやしませんか。みぃんな表現している。分かることは難しいかも知れないが感じることはできるはず。感じるということはカラダの表情に気付くことだとも思うのです。表現は常に相対的であって一律な事態では有り得ないし、分かりやすさを価値基準にしているザマでは、すぐそばの人間の危機ですら感知できなくて当然だと思ってしまう。分からない見えない、だからこそ人間は面白い、と笑って言えなきゃ、この先どうする。

2016/3/11

監視カメラがとらえた不審な動き？

樹木希林《ききき りん》さんが死んだ、ニュースが飛び込んできたのは夜八時五十分だった。一瞬の驚きの後にアァまた一個の人間が何処《どこ》かに行った、当分忘れないだろうな、と、思った。樹木希林さんの一瞬の断片が僕のカラダに記憶されている、息をしているような正直な言葉が蘇ってくる。「気持ちよさそうにオドるのね！」と、甲府・桜座の楽屋口カーテンの陰で僕のオドリを覗いていた樹木希林さんの感想だった。三度も会って会話に親しむことができた、素敵な人でした。樹木希林さんの人生に合掌。

ニュースの流れる直前まで人工知能の横暴に頭にきていたのだった、そのことを書こうと思っていたのだったが、気が薄れてしまった。簡単にそのときの気分を報告しておこう、急速に増え続けている監視カメラに人工知能を合体させ不審な動きをチェックするようになる、という。誰が考え制度化しようとしているのか分からないが「不審な動き？」とは一体……。人々が道を歩いている、ある人はちょっと立ち止まる、ある人は視線を方々に移しな

著者近影

がら歩いている、ある人は歩行を止めてしゃがみ込む。もちろん歩く速度も方向もまちまちだ。つまり普通で自由な何ら規制のない当たり前の風景を番組で示し、その上で前述の三者の「動き」を「不審な」と名付けたのだ、それも数秒の短いショットで紹介され、その動作の前後は知りようもない。僕はひどく混乱し絶望し怒りがこみ上げてきた。僕は単純なのだろうか、と自分に不安すら感じてしまった、一体人工知能はヒト族の動く映像で何をチェックし解析するのだろう、チェック・リストから何が割り出されるのだろうか、第三者委員会は不必要なのだろうか。

新聞や雑誌に載った犯罪者の顔は何故かそれらしい。情報が僕達の眼に手を加えているとも言える。犯罪を犯すヒトの顔を人工知能は特定できるようになるのだろうか、とすれば警察署には密室は必要なくなる、人生の意義に悩むことすら無用。僕達は社会に捕らえられ下手すると幽閉されている？　人の動作、それも個人の動きにまで、監視の人工知能が侵入してくるとすれば、僕達は一個のカラダを奪われようとしている、と思って間違いない。ファクスと電話でしか他者と交信しなかったという樹木希林さん、彼女の病との向き合い方、そして言葉の発し方、その非常識の数々に憧れすらする現代社会、だったら……思ってもいないことを口にするんじゃャネーよ！　クソ。

2018/9/21

カラダに染み込む音読

ＮＨＫのＥテレで久しく続いている『１００分ｄｅ名著』という番組がある。内外の名著（あらゆる分野の）を取り上げ四週にわたって著書の深みに身に沁みて立ち入る、という趣向だ。講師の選択も悪くない、が、それにも増して聞き手の伊集院光《いじゅういんひかる》の誠心誠意にそして正直さに僕は感心している、彼が聞き発言するからこそ成立している番組のように思えるのだ。加えて番組の中には著書の思考・表現の核となるような部分を著者に成り代わって朗読するという試みが仕組まれている。朗読を経てスタジオでの座談が深まり活発化するという仕掛けだ。

幸運にも僕に二度朗読の依頼が舞い込んだ。レヴィ＝ストロースとオルテガだ、少なからず影響を受けた二人の言葉を、眼で追い黙って読むのではなく声に出して読むのだ。実は言葉を口から出すことが嫌いで苦手だった僕がテレビを通して万人の前で朗読する、それも六十歳を過ぎた自分が。想像だにしなかったことだった。音読の素晴らしさに気付くのに何と時間がかかったことか。

レヴィ＝ストロースとオルテガの著書の朗読を者に物にすることができたかどうか心許ないが全身全霊で言葉をカラダの外に出すことができた、と僕は勝手に思っている。願っても無いチャンスに飛びつき夢中に成ることができる幸運は、そして、もたらされた経験は僕のカラダに染み込み生き続ける。言葉は再び黙りカラダに沈むのだ。何とも面白い。このときもまた、僕は他者の刺激と混血し発達するのだ。もはや言葉は情報からカラダという組織の一部に変態した、言葉とカラダの同一化こそオドリ状態だ。

喜怒哀楽の種子は常にカラダの内外にある、それが人間なのだから仕方がない、にしても喜怒哀楽を発見したご先祖様の何としたたかで無責任なことよ。一人の人間の誕生からその閉幕まで、人の一生はめくるめく喜怒哀楽に包まれ、野に倒れ地に収まるそのときまでオモワクの気象のただ中にいる、そうだ一生は喜怒哀楽の天候の内に揉まれ、右往左往すること、「人生なんてそんなものさ」と似非《えせ》ご隠居達が世の中に放り出し続ける言葉とは違う。塩梅を知らない欲はナマグサイ……流行の呟きになる前にやめておこう、にしても人間よ、もっと言葉をカラダから声に出して使おうではないか、文字をもたなかった時代の人達のように。

この後の『100分de名著』は何と、ロジェ・カイヨワの『戦争論』を取り上げている。フランスの社会学者であり『石が書く』『遊びと人間』など人間の本質に激しく向かう夢多き学者、僕の憧れの人の一人でもあったロジェ・カイヨワ、朗読したかった！　先で詳しく述べるが、僕の初めての海外パリでのオドリの続く日々に、エッフェル塔すぐ近くのカイヨワさんのお宅でオドリを見てもらう機会を得た。カイヨワ夫妻のみの観客の前で破裂しそうなオドリは石のように寡黙だった。動悸の収まらないでいる僕に「人から分類されない、名付けようのないオドリを続けていってください」と言われた。僕は今も、それを守っている。死守すべき言葉だ。一九七八年、一ヵ月後、日本に戻っていた僕はカイヨワさんの死を知る。

2019/8/30

北斎に成る

画狂老人、葛飾北斎《かつしかほくさい》、江戸の時代に九十歳まで絵を描き続けた反骨の老人、世界中にその名を知られた男ＨＯＫＵＳＡＩの生涯を映画化する、ということで何と七十代の人生をこれまでと変わらずウロウロギザギザと少々斜に構えて生きてきた僕に、年頃近しという訳か、役者として出演してみないか、との話。映画のタイトルは『HOKUSAI』（監督・橋本《はしもと》一《はじめ》）。強烈な波とそのはるか向こうに見える富士山でおなじみの「神奈川沖浪裏」は北斎七十歳を数えて間もない頃の作品、単なる風景ではなく波という現象をとらえた北斎の選択が世の中にもたらした衝撃はいかばかりか、百九十年ぐらい前の出来事だ。北斎漫画の西洋美術界への侵入から始まった北斎への無数のまなざし達は、彼北斎の視点と驚異的な速度の観察と記憶に驚愕したことは優に想像できる。自然科学の眼とも言えると僕は思う。自然と人の営みの深層へ、そして自然に向かう眼差しへの世の中の常識という圧迫に、言葉少なく、なおも描き続けることで戦う北斎に僕は本当の文化の人という姿を見る。

二〇一九年の初夏、画帳を懐に、野山を歩き廻り、ときに市井の人混みの中に生き生きとしたカラダを発見する、そんな北斎の日常から撮影は始まった。言葉も発せずただひたすら北斎というカラダを体感する毎日だった。ダンスダンスの毎日だったとも言える。北斎は野の人だった、野に人の居場所を求め移動するのだった。だからこそ所有しないのだ、力を頼りにしない、だからこそ文化の人、文化に溺れ自らを溜まりへと混入する文化人、多数の中に生業《なりわい》を見出す人、歴史は常に多数を正義とし力としてきた。だが文化とは元来為さねばならぬことが自然として目覚めることだ、だから人間の世においては文化は常に先ず少数にゆだねられる。北斎にとっては波であったり、変化し続ける自然こそが人が人間として地球に生き続ける情熱の根元だ、と思う。江戸の世も現代も人間はカラダから生まれカラダの中で生きる。自然環境の時と共に歩み暮らし喜怒哀楽を糧としてカラダを運び終《つい》には横たえる。

人というカラダこそが文化を支える情熱の根元であり伝統だ。

撮影後半、北斎の口から抵抗の言葉が洩れ始める。世の中を見る子供のような疑いと怒りの言葉だ。江戸時代後期、幕府の改革は当然浮世絵などに及び禁令が繰り返される。常識という制度に未来への自由を阻害されることへの忿懣《ふんまん》がカラダの内から言葉となり声となって空を揺する。映画の中での出来事では済まない北斎への共震が、僕のカラダの内なるムカムカの無限ループと合体したと僕は思った。……以来二〇二〇年からこのかた、世界は新型ウイルスの出現に思惟を摑まれてきた、一人残らずだ。そんな中第33回東京国際映画祭のクロージング作品として『HOKUSAI』が世界初上映されることとなった。登壇を要請された僕は例によって一俳優としての務めを果たすべく舞台に立った、アクリル板に挟まれるようにして居心地良くなく立つ僕の耳に「舞踊家として北斎を演じられた田中泯さん！　少しお話を聞かせてください」と聞こえてきた。バンザイしそうだった。オドリ修業六十年に成ろうとしたとき、俳優修業十九年目にして、映画業界公式の催しの場で初めて舞踊家・ダンサーと紹介されたのだ。北斎さん！　ヤッタゼ！

2020/11/13

感じたもので僕はできている

他人はどうだか分からないが、僕は、意志とか決心とか覚悟とかいった物事を固めたり止めたりすることが苦手だ。刹那的と言うのだろうか、かなり格好良い、良い加減とも言える、いい加減ではないのだ。僕にとって安定する状態とは平衡のとれることではなく知覚し続けること、従ってときには不愉快なことどもの連続にどこまでも逃走したくなるのだ。他人はどうだか知らないが、僕には、生きてるうちに何もかもやり直したいという欲求がある、生きてるうちに縄文時代で暮らしてみたい憧れがある。そう言えば、幾度も蒸発未遂の経験がある、残念なのか良かったのか僕は知らない。

将来の夢なんて子供の僕は考えもしなかったし他人から聞かれたこともなかった。何となくだが、好奇心の趣くままにぶらつき熱中する子供に、大人達はニコニコ、どうせ長続きはしないさ、と、たかをくくる。その通りだった。他所の町内地域のことは知らないが、僕の育った地域の暮らし向きは雑多で多様が自然だった。お陰様で僕の性癖にまで昇華した癖・

習慣・衝動であるところの自分をも環境の一部にして観察する快感が、つまり物事の連なりを一寸待てよと寸断して捕らえようとする僕のような子供の存在が、周囲に容認されていたのだ、と今にして思う。思えば一人で居ることが圧倒的に多かった僕は他人に咎《とが》められることもなく、多少いじめられはしたが半ば透明人間のようにして存在していたのだ。

年を重ねるにつれ、このことはまさしく時代と環境のお陰様と正しく思う、加えて思うには僕の観察は知識や分類、数の多少とは無縁だった。そのままの経験だったことが自己流のラッキーネスなのだった。子供はみんなそうだった、と語る大人の多いことは悔しいほど知っている、だったら！　その子供は今どこにいる！　と詰問したい気分に僕はなる。子供はひょっとしたら大人以上に本人間なのではと僕の十代終わり頃の思い・考え・悩みを思い出した。

知覚し続けることとは生き物であり続けることだ。生き物であることは人間の歴史文化の内に知ることもできるし、何よりも明らかなことは人間以外の生物と同じ細胞で構成されたカラダの中に「私」が住んでいる、この知覚こそが僕達を人間という生物の一種であるという自覚へ誘うものであってほしい。他の子供のことは知らないが、僕の子供の頃の体験は知覚の山川草木の場となってカラダを満たし続けてくれた。「私」という知性はカラダという知覚の環境の内で育ち生き続ける物であり、この物こそが生命《いのち》と名付けられるべき物であると思う。人間の生命は千差万別、と同時に唯一無二、だからこそだ。他人のことは知らないが、僕には意見がある。人間の進歩は停滞してしまった、もっと良くなるはずなのに何かが邪魔をしている、と薄々みんな気付いているのに利己状態に誘引される、一体いつになったら、と呟《つぶや》く。カラダをもった生物が言葉を待望しついに得た、が、やがて言葉とカラダは分離を始めてしまった。コトバはカラダの何なのさ、コトバとカラダはどうなのさ。さて、ヒトの脳は、人間の脳は何処を目指す？

2022/5/6

恥ずかしくないか人間

何の役にも立たない記憶を、何故こんなに後生大事に、始末を先延ばしにして生きているのだろう、味も硬さも千差万別の記憶が雲のようにこのカラダの内側をゆっくりと、ときに素早く反時計まわりに移動している。記憶が正しかったことなんて一度もない。子供達はすぐに若者達になる、そしてアラサーアラフォーあら五十だ。子供達の未来だなんてよくも言えたもんだ。記憶に執着しているのではない、記憶はただでさえ細胞とともに生き続けているのだ、意識しようがしまいが記憶はお構いなしだ。忘れようが大事にしようが個人の自由だ。俺に始末できるわけが無い。この世に生まれてきたからには記憶エンドレスだ、死に止めてもらうしか方法がない。近頃では記憶担当の細胞が不要か必要かを察知して貯蔵の為に仕分けしていることが分かったと何処かで見たか聞いたかしたが、嘘だね。

記憶はその物事そのままではない、だから記憶なのかな。多かれ少なかれ記憶は捏造《ねつぞう》され変容し続ける、宿命だ。人の生が一本線でないように、人生にシステムがないように。記憶と証拠は無縁だ、が証拠は記憶を不在にする、それでも記憶はカラダに残る、ＡＩロボットには到底理解不能の事柄だ。情報過多で歩行困難に陥っているカラダには、役立たずの記憶の注入をおすすめする、ロボットの奴隷にならない為に。俺が仕掛けたわけでもないのにカラダは太古からの記憶の渦中に居続ける、このことは今般のコロナ大事件で大方の人間が了解したはずだ。他人ごとコロナ上の空の人々よ、カラダの中で君は誕生したのではなかったのか、母親の胎内で生命が発生しやがて胎外に出てくる、ここまでは長い道のりだが君は間違いなくヒトという種のレールに乗って運ばれてきた、カラダの記憶のなせる業だ。このカラダの中に「私」という意識が生まれてくる、世界社会の状況様態がどうであれだ。地球上のすべての生物はそれぞれこのカラダの記憶の基に誕生し生を営む、と俺は確信している。

コロナ真っただ中、あら七十六の僕としては、今のところ、きっとこの先もずっと誰にも譲れない僕の全財産はこのカラダだ、と言いたいところだ。生から死への一生をカラダと自分（言語）ととらえ、そして無限の記憶を意識下に携えて生きる個体。普通に自然に生きるのは果てしもなく難しい。世の中では他とは異なる個体を目指した狂騒が始まって久しい。優位をあからさまに権利にするなどもってのほかだ。人間のカラダが力によってどのように扱われてきたのか立ち止まって考えるチャンスは今だ。

力によって作られた誤った認識による差別は日本だけでも多々ある、世界に目を向ければ数知れない過ち、偏見、風評の常識化。黒人奴隷の売買は現代では先進国と言われる国々の常習だった、等。臓器売買、人身売買、子供売買、切りがない。能力に金が集まるスポーツも崩壊危機直前だ、人間の判断の及ばない千分の一秒とか一センチとかの差異での勝敗、それで何なんだ！　と叫びたい気分。戦争による殺人は今もって無くならない。ＡＩによる殺人兵器の開発競争の激化！　何てこった。こんな格好悪い生き物が地球の理《ことわり》までも破壊してしまった。汚点に留まらず汚物化してしまったよ。

2021/7/16

片仮名で書くカラダ

日本中で洗濯板を使っていた時代は、はるか昔だ。洗濯板と言っても説明は難しいが、長方形の板に均等に彫られた波状の溝、その上に洗濯物を一つ一つ載せてゴリゴリゴシゴシとその汚れを落とす。浅くて大きめの木桶の中に洗濯物を入れ斜めに立てた板の波状の表面を巧みに利用して両手を使ってゴリゴリゴシゴシ、母の仕事を真似て覚えたその動作感覚は、物心ついた頃から十代前半までの僕の数々の家庭内労働のカラダ遺産の貴重な一つだ。

日本中の母さん達の毎日の労働の一つが解放され電気による動力の洗濯機が普及するのに時間は要《い》らなかった。「三種の神器」という、子供心に神さまがらみの大事件がおきたかのような印象を植え付けられたものだ。どこの家にもいっぱい子供がいた、町の隅々に子供の影が音があった。子供も大人も工夫していた、多様だったのだ。

今、この瞬間に生きている人間の誰でもが、この宇宙、この地球、この世の中、と感じ考え、想うことができる。原始の言葉も持たない僕達の先祖である人間達も自分の外側の果てしもない環境に未知の不思議と恐れを抱いていたに違いないのだ。ヒトという種の始まりから人々は皆違うということを承知していたと思う、何故なら種の存続を本能としていたから、他の生物に滅ぼされないように学習と模倣を重ねていたからだ、社会とは本来保守が大義だったのだと思う。ほんのちょっとの遊びがあれば。遊びは時と場を共有しそれぞれの違いを許容する手段であり同時に他者の変化を認識する機会でもあった。祭《まつ》りが政事《まつり》とその動機を一つにしていたことが嬉しい。拘束のない共同への夢をガキの頃から抱いていた僕だから人間社会への不信感は地下生活者級だ。「多様性に寛容な社会」！　何を今更だ。

カラダと片仮名で書くことで体・身体・肉体の文化的差異から逃げる為に僕は使っているのだが英語にするとボディーしか知らないので甚だ残念だが、カラダに関わる言葉の日本語の何と多様なこと驚きに値する、カラダから世界が始まるとも言えなくもない。カラダを宇宙と言い世界を体験し映し出す鏡のようにとらえた先祖先人に一生大感激だ。このカラダ宇宙の中に僕という意識が存在することも人間のいう体《からだ》が自然に獲得したものだ、最後の進化だったと僕は思う。

「多様性に寛容な社会」など片腹痛し・笑い草だわい、一体いつ社会はそんなにでっかくなったんだ、社会とは所詮会社の親分だろう。そもそも多様性を受け入れられないからこそ勝、敗を結論・結果・権威・権力・常識・制度にしてきたのではないのか、多様性に寛容・尊

2016年6月、CND（フランス国立ダンスセンター）主催で行われた
サンミッシェルでの場踊り

敬・敬愛……いくら並べても社会が犯してきた物事への懺悔にしか聞こえてこないのだ。そもそも人間の能力は多様だしかけがえのないものだ、そして僕達大多数の人間の日常と繫がりをもつ、つまり一個の人間の能力は何であれ他者への例題として認知されうる物だ。僕達は皆個人だ、だが自然界から見たらどうだろうか。ウイルスは意識をもたない。でも変異する。どうして！　余分なことかも知れないが、金《きん》と金《かね》を混同するなよ社会。

2021/8/13

カラダに自信はあるか

低気圧が苦手だった。小さな頃からずっとそうだった。だから国内でもトップクラスの晴れ日の多い県山梨は僕には絶好の環境だ。といっても僕の現住所は県内の標高千メートルあたりの村、平地と比較すればあきらかに気圧は低い、平地で買った菓子袋が村ではパンパンに膨れている、かなりのもんだ、が二十年以上暮らしていると高地トレーニング程ではないだろうけど、カラダは環境に慣れ生き生きとしてくるものだ。が標高の低い平地に一定期間滞在してからの帰村となるとかなりキツイ、歴然と標高差がカラダに、特に呼吸において表れる、苦しいのだ。じきに元に戻るのだが正直なカラダに恐れすら覚える、それほど自分の子供時代からの小心さに安心を感得しているのだ。

いつだったか、モスクワ市の演劇学校で教えていた頃だから大分前だ。いつものように朝出かける時間が近づいてもその日は気持ちが動かない、その気にならない何ともマイナスな気分だ、みんなを待たせるのは本意ではない、仕方なしに愚痴のようにして迎えの女性に「今朝は気圧がうんと低いね〜、苦手なんだ」とつぶやいたら驚かれた。「ロシアでは男はそんなこと言いませんよ！」だ、くやしいので「俺はダンサーだからね！」と言い返したら笑われたが、今でも、空気の重さや薄さ、熱や動きなどなど全ての環境の変化はカラダで感じるもんだ、と僕は思っている。ダンスとはカラダと環境のことだから。

カラダカラダで七十余年、近頃では、といってもコロナ発生以前からだが、目が覚めてから自分の住んでいるカラダと一体になるのに時間がかかるようになった、つまりカラダの内部に関わる科学的研究が驚くほど深まる一方でそのカラダの住民であるはずの僕自身が殆ど関与・感知できずに暮らしていることに畏怖を感じ始めたからなのか、心は野生に憧れているにもかかわらず、嫌いだったはずの点検や計測を入念に行うのが目覚めてからの習慣になりつつある。半ば嫌悪すらしていた数値にも好奇心は動き日々数値の変移に僕自身の関与を想像したりもする、驚きの数々。僕自身の生死も好奇の眼からはずすわけにはいかない、何故なら自信を根拠にして生きる気が僕には無いからだ。

カラダを宇宙だと言い始めた人は本当に凄い、そのカラダと一体になりたい。体も又カラダ。遺伝子ＤＮＡの研究が急速に進んだおかげかその故か、科学は改めて生命の地球上での誕生から人間誕生までの歴史の地図を更新させた。と同時に地球自然とは偶然と突然によって進化を多様にした生命体を中心に成立していることを再認識した。人間一個のカラダは正しく唯一無二であることを明かすことにもなった。そしてあらゆる生命は物質への一歩手前を生きていることも知った。このことは他の生命、例えば樹木あるいはアリや蠅などにも共通することなのかどうか僕はまだ知らないが、遺伝子組み換えなどという悪魔的手法が横行するようになって久しい。人類知性発展の為の研究の多くが戦争と金の為の兵器に行き着くことが、悲惨だ。地球自然の全活動に無謀にも手を染めた人間は地球上で完全に孤立した。にもかかわらず、やれ国家だ宗派だ政党だなど、時代遅れもはなはだしい。環境破壊に対する地球の返礼はもう止まらない。地球への恩を忘れたのか。人間よ、あと十年どうする。

2021/8/27

年相応というのが分からない

去る五月、伊豆山中でのドラマの撮影での出来事。アクション・シーンでのひとコマ、山小屋内の梁《はり》にぶら下がってのワイヤーアクション。安全を確保してのアクションなれど年齢を忘れて本気になってしまう技《わざ》知らずの僕のこと、右腕右肩で梁にしがみつき左腕は補助役、脚は空《くう》を蹴り暴れまくる、ワイヤーで腰の位置を安定的に補助されてはいるものの、自力のエネルギーをワイヤーに頼れば、すぐバレる。つまりワイヤーに体重が掛からない状態が本当なのだ。求めてそうさせてもらった。幾度かの試みが夢中の内に終了、何故こんな老人の冒険のような仕儀に至ったのか、この撮影は未だ公開されていない作品、故に前後のいきさつを抜いて局所だけを話した次第、ともあれ現場スタッフの興奮の様子から成果は伝わり、さらに代役を頼まなかったことにも満足をして撮影は終わった。

若〜い頃から齢《よわい》を忘れて暮らすことを常として生きてきた。年相応が土台分からない。赤ん坊のときから常に新しい一瞬を生き体験しているのが生きる土台なのでは、と直感し振る舞い、そのように思うことが楽しくさえあった。とはいえ世の中は経験主義者だらけだ。年齢を基準にした人生の見本定型すら存在しているようだ。経験というデータだけを明日の選択肢にするつもりはない、たとえ僕が後期高齢者と規定されてもだ。知らない街を歩いてみたい、何処だか分からなくても面白いと思える人でいたい。知らない人を他人というゴミ箱に圧《お》し込めたくはない。自分の齢や名前を忘れているときこそ僕は田中泯だ。

そこでカラダだ。件《くだん》の梁しがみつきアクション以降三ヵ月、実はあのとき僕はカラダの能力以上のことをしてしまった、らしいのだ。右の肘、二の腕、肩、肩前方付け根、右肋《あばら》、そして右肩甲骨周辺に痛みを感じるようになってしまったのだ。動かし過ぎを原因とする筋肉痛は僕の日常みたいなもので、カラダのどこかがいつも痛い。「痛い!」と言ってよいのかどうか迷うくらいの痛さだから殆どの人には見えない痛みだ。我慢しながら動かし続けるか、しばらく静かにする、自力で治療しつつではあるが、通常に戻らなかったことはない。がこのたびの痛みは前述したカラダの部位に思いがけない緊張の持続をさせてしまった、できてしまったショックが残っているのだ。多分筋細胞・繊維的な部分損傷が随所に生じたのだ。痛みは未だ毎日移動するかのように違って感じられる。が腕、肩の可動域は復活しつつある。

結局医者の世話にはならなかった。僕は無謀だとは思わない、むしろ臆病だからこそ夢中でそれを感じ観察するのだ、未知の経験を。カラダは動きたい、僕と一緒に居たいのだ、と僕は感じている。カラダが感じることは無名の僕が感じることだ。カラダという地球生物の全てに共通する連続的・流動的「生」という伝統に僕は執着する。立ち止まり、停滞し、しゃがみ込む。遠回りしときにスキップする。カラダとは僕達全ての個人が棲《す》む唯一無二の環境であり七百万年の人類史の変化の産物でもある。権力の長達《おさ》よ、貴方のカラダは何を感じてますか。

2023/9/1

第二章

脱皮

十代後半、八十円ハウスに居た

頭がぶつかるので背を丸め、ゆっくりと天井の低い方から布団を手前に延べる。縦に五、六人並んで寝る、見ず知らずの男達だ。謂わばどこの馬の骨とも分からぬ男達に混ざって十代を終えようとしている僕が居た。六十年くらい昔の話だ。西新宿の八十円ハウスと呼んでいたこの宿を寝ぐらにして日雇い労働者の群にまぎれて働いていた時代が確かにあった。地方からの出稼ぎ労働者がその初めは仲間同士固《かた》まりを作って故郷との往復を守っていたものが、いつしかバラけて個人になり薄暗い環境に身を置くようになる。掃き溜めのような場所が日本中の都市にはあったのだ、と思う、今でもそうか。

八十円ハウスを定宿にしていたわけではないが、決して深くは知り合わない、何の仕事をしているのか語りもしないし聞きもしない、気の弱い僕には心身ともに萎えてばかりの怖い所なのだが、好きだった。子供の頃から大人の観察に夢中になっていた僕は、すでに見てくれを取り繕う大人より社会からズリ落ちているような、あるいはその縁《へり》でウロついているような大人（男）達に、怖い親しみを感じていた。花札やドンブリに落としたサイコロの目で勝負するチンチロリンをせんべい布団の上、背を丸めて夢中になって夜更けまで没頭したあの気配と匂いが懐かしい！

このハウスにはもちろん（オーナーとは呼ばなかったが）親方がいる、中国人だったと思うが、暖かい季節にはソフトクリーム、寒くなると石焼き芋の道具一式とネタを男達に提供することを仕事としている男だ。僕もソフトクリームを売って歩いた。海水浴場や競馬場の駐車場、皇居周辺（当時皇居前のあの芝生には人々が入り込み休み遊びしていた！　殊に夜の皇居周辺はしばしば週刊誌ネタになる程の際どい場所だったのだ）。アイスのぎっしり詰まった魔法びんとコーンの入った箱を下げてエンヤコラ移動して、店開き買い手の顔を見ながらコーンにアイスクリームを入れる。ソフトクリームの出来上がりだ。何回やっても仕事の始まりは恥ずかしかった、声が出ない、人格を変えて大声で「エーッ、アイス！」。

僕は三十代半ばまでオドリを続ける一方でいつも別の仕事をしていた。バイトとは言っていたかも知れないが待遇はそうであれ、本気でやった。それぞれの仕事が未だに役に立ち僕のカラダに残っている、もし僕に文才があったなら数冊の小説になる程の記憶がカラダにはある。がしかし、僕はダンサー、経験や記憶を語るよりも、感覚や筋肉皮膚の思い出は強烈だ、それらに蓋をすることなくカラダの中で生かし続けられるダンスを表現にしている僕のカラダは幸福だ。が、それよりも社会の複雑で多面な、嘘ばかり、虚栄ばかり、でもない人間の陰影のうごめきの中に僕が居たことが何よりも嬉しい。僕をあの胡散臭《うさんくさ》い中国人のもとへ連れていったのは、当時淀橋（現新宿）警察の刑事だった父親だ！　何という強運！

2017/4/21

友はみな僕より大人だった

周囲に誰も居なくなり仕方なく八王子の両親の許《もと》に帰っていた或る年の正月。雪の無くカラカラッとした寒さの冬だった。めずらしく親にねだって購入したスーツを着、ネクタイを締めて家を出た。襟巻きをクルリと回しその片端が背中に触る感じを確認してポケットに手を突っ込む、革靴だったか運動靴だったか覚えてないが、背中を丸めチョコッと肩を持ち上げ少し前の地面に眼を落として歩き始めた。六十年くらい前の成人式の日の朝だ。僕はガリガリに痩せていた。

これで大人になる、なんて思ってもいなかった。勇んで入学した大学には通わなくなりバレエを習い始めたことも、住んでいる所も告げず、おまけに大学を中退しようと思っていることなど両親に話せるような息子ではなかった。喜んで相談にのってくれる二人であることは十分に分かっていた、なのに僕は自分で決定することを運命のように思い込んでいた。

僕の少年期は、いつも皆に遅れている気分。周囲の成長が恐ろしくすら思え、必然、自分より大人の人達の近くに身を置くことに執心していたように思う。例えば職人さん達の会話や井戸端会議と謂われるような大人の集まりに耳をそばだてて興味をつのらせた。

皆より遅れている奥手の子だ、ということに引け目を感じていたわけではない、大人びてゆく仲間を応援したい気分ですらあったのだ。そんな仲間の家は大概、自家営業を生業としているか、厳しい経済状態の家だった。よく憶えている。皆、堂々としていたのだ。子供達は使命すら感じて日々暮らしていたのではないだろうか、同じ時代、同じ地域に暮らす同級生達でも「家」という環境は一人一人の子供を決定的に違う個人として世に送り出した。

さて、両手をポケットに突っ込んで歩き始めた僕は二十歳の祝いの会場に向かっている。家から十五分程の市民会館だか市民ホールだか（当時矢鱈《やたら》と市民何とかが流行っていた）市内の同学年の若者が一斉に集い式典を催すことになっている、その会場に僕は向かっているはずだったが、記憶は空白だ。どこをどう歩いたのか憶えていないが、僕が居るのは市の中心を流れる浅川の橋の近くにある小さな喫茶店、小中学校一緒だった同級生のやっている店だ。成人式を避けて歩き続けこの店にたどり着いたのだと思う。
中学の同級生で大学まで進学したのは三人、多くは中学を出て働いていた。皆、すでに暮らしを背負い世の中で生きていた。暮らしに身を置く、自分を投げ込むことのすごさと怖さを、遅ればせながら感じ始めていたこの頃の僕に殆ど言葉の記憶はない。考えることをけんめいにしていたはずなのに、そんなものは皆大海に流れていったに違いない。遅れて来たことの失望をひっくり返す為の人生はこの頃から始まったに違いない。「田中ぁ〜何で来なかったんだよぅ〜」と、きっと言われたに違いない。喫茶店にばらばらと集まり始めた同級生達は、やはり驚くほど大人に見えた。

2017/1/13

蒸発衝動

原稿に向かうとき、決まって夜が明ける前の沈黙に近い暗闇の中で眼を開く。夜明けの一時間くらい前だろうか、今朝は本当に静かだ。静かさにも気配の違いがある、天気によっても静かさが違う。見えない闇の微細さが好きだ。闇の中で息をし夜明けを待つ生き物達を感じるのも大好きだ。折々の虫や鳥、小動物や獣達の気配や声も楽しい。風が誘う音の数々、だが、今朝は本当に静かだ。

原稿用紙に眼もやらずえんぴつもとらず、コーヒーを飲みながら現在と過去の自分をウロウロする、今と昔の因縁を発見することもある、順不同のとりとめのない時々に決定的な回想が眼の奥で展開することもある。椅子に腰かけ炬燵机に足をつっ込み薄目開きの、にやけた老人の一時間、極私的回想か、いや、そうではない、これは子供の頃からずっと続いてきた僕の「大世界の中での超小人化妄想」なのだ、老人になっても相変わらずだ。

ヤッパリだった、カーテンの隙間から白い光が洩れているのに気付き急ぎ外を見る。雪だ！　それもすごい勢い、降るというより落ちる落下する重さすら感じてしまうすさまじさ、でも美しく、また美しく美しく、降り始めたばかりなのか辺りが白く染まってゆく様がはっきりと識別できる、みるみる白だ。東日本大震災のその翌日に植えた高遠桜の濃い桃色の花枝がかすかに色を見せて雪の重みに耐えてしなる。谷下に見える電線に雪が止まる、ツバメや雀やカラスのように。重みに耐えられないのか風もないのに電線が揺れ始め雪が刃こぼれしたようにその絵を見せる、きっと一日僕の眼の前で、自然の世界の確かさが展開するのだろう、と思うと、ヒトという生き物のチンピラが相も変わらず地球の動きから遊離して鈍い感性に服着せて社会をうごめきよろめきして、でもでも大地に這いつくばり地球に振り落とされまいとカラダの中奥に岩山を成形し、さらにはその頂きから上空の唇に向かいアウンのバカヤローとでも発声してみるか、と己の内なる自然の総てを排出露呈しエビの幼生よろしくガラスのごとき薄きカラダきらきらとまるで流氷の亀裂の走る金属の音、誰にも伝わらない自身の僕だけの教科書、表現体を放棄しようか、電波はもういらない、僕の鳩を返せ!

えんぴつが歩く前の暗闇のとき、十九歳頃の蒸発衝動の旅の映像が眼の奥の空で流れた。修善寺のある小さな名も忘れた寺に一宿を頼んだ、金はなく追い払われ寺の床下にもぐるも見つかり逃げる、どうやって伊豆半島を南下したのか記憶も映像も無い、が半島最南端の石《い》廊崎《ろうざき》の小さな道標を見届けてから夜のとば口の細道を歩いた。すぐに道の両側が切り立ち下方から岩壁にぶち当たる波音が聞こえてくる、先端へ先端へ、他人は居ない。前に一歩も進めない岩壁の縁に場所を見つけ寝袋にもぐり込む……夜が明けるまでの場所と時間、コオロギや草や小さな風それらの基調の波と音、僕は刻々と自分を失くした。この夜は思えば僕の成人の祝祭だったのか、イヤイヤ今の僕はヒトのチンピラ、人生の一瞬がそこに散らばっていれば汚くかき集め、食べ散らかしてやる。

2020/4/3

虚弱で小さい少年は

誰も信じてくれないかも知れないが、僕は十五歳に成る頃まで同学年の男の子達の中で一番小さい方の子供だった。同級生達を見上げるようにして育った。昭和二十年三月僕は生まれた。第二次世界大戦の末期、日本中の大人も子供も不安の真っ只中で暮らし、国家からの情報と日々生きる感覚の正直さとの間に大きな差異を感じながらも不安や疑問を表現することをはばかりながら「勝つ」ことを祈り、「終わる」ことを願う毎日。奔放で自由な人だった母、その分、いやそれ以上に繊細で臆病だった母の細い細いカラダの中で育った僕が、母の胎内で、そしてこの世に出てきてからもずっと未熟児であったことに不思議はない。

父と母の細胞の出逢いから始まった僕の生命の旅は、父の細胞・ＤＮＡと同伴しながらも圧倒的に母の性格と心情そして食生活という全環境の中で始まったのだ。へその緒が切られるまでの僕という細胞は一途に母の食生活に頼る、そして再び母乳という僕の細胞の生死にかかわる栄養源が母から贈られる。嬉しくて泣きたくなる程の光景だ、哺乳動物のすべてに見られる情景に、僕は、とてもとても心情が動き熱くなる。と同時に一定方向に進んでいるように見える成長とか発育という生命の運動には、信じられない程の偶然で必然な分子レベルでの不思議が一緒に進んでいる。数値に現れない変化をどんな赤ん坊でもカラダの内に抱えている千差万別、本当に一人なのだ。

何一つ記憶しているわけでもないのに、「僕の生命の旅」などと勝手に言わせてもらっているのだが、未熟で虚弱で小さかった僕だったからなのか、小さかった頃の「記憶」——記憶をカッコに入れたのだが、記憶という機能を発達させた人間の必要は何だったのか、大きな狂いを生ぜずに社会や人間の関係を維持する為だったのか、では記憶に障害や狂いを生じた人々はどうすればよいのか——脱線してしまったが、記憶は様々なきっかけで呼び戻される、あるいは都合よく作り変えられる。細胞レベルでの記憶のメカニズムはいずれ明らかになるとは思うのだが、取捨選択している僕のメカニズム？　は、性格？

たぐり寄せることのできる僕の幼児期少年期の記憶は虚弱体質で小さかった故の振る舞いを因《もと》とする。思えば感覚的で孤独で、個人的で疑り深く、それでいて隠れて目立ちたがり屋で……というのもかなりのイジメにあっていたからだと思うが、「イジメる相手の心情を観察する」という風に僕は記憶を手直しして旅を続けたに違いないのだ。

えんぴつを握ったまま五時間が過ぎた。頭に浮かんだ言葉と風景は何年分の僕のことだったのだろう、原稿用紙を歩くえんぴつと消しゴムとこのカラダそしてこの機会に感謝。

2016/6/17

父は何故、死体を見せたのか

生き物である限り、いつか死を迎える。幼少期、父に仕組まれたのか、父に問うたことはついになかったが何故か「人の死」に居合わせることが多かった。川原で自殺した青年の死体、台風で激流にさらわれて土手にひっかかっているのが見つかった老人の亡骸、川遊びで溺れた少女を抱えて泣き叫び走る母親、女の子はすでに息絶えていたことは後で知った。隣家の機屋《はたや》のお婆ちゃんの臨終の一部始終、火事場の焼死体。こうしてえんぴつを動かしているとその時その場の様子がさすがに色褪せてはいるが映像としてはっきりと思い出される、いや、映像だけでなく「死」にとまどう僕も含めたその場の人々の作り出す空気感も僕のカラダの辺りに現れる。書き続ければ記憶は長い連なりとなっていつまでも続く。それらの

「死」は自死・事故死・病死・自然死、前記に戦死と殺害死を加えれば「死」のほぼすべてか、いや、脳死・安楽死がある、が、僕は死の分類をしたいのではなく、「死体」を言葉や文字でなくカラダで眼で自分で体験するよう仕向けたのは父だと言いたかったのだ。

父に手を引かれ背を押されて人の死・死体を見つめる、この頃には父の姿、その存在は希薄で殆ど憶えていない。それぞれの理由で生を終えた人が目の前に静かに横たわる、あるいは無残に沈黙を続ける、「死体」だ。父は僕の反応を見つめていたに違いないのだが憶えていない。長さのない時間の中で硬く立ち尽くす子供に父は何か言ったのだろうか、憶えていない。現代ならば非道な親として世間の非難をあびたかも知れないが有り難いことに戦後十年頃のこと、世の中は子供であふれていた。何らかのケア・手当てを父は僕に施していたに違いないのだが、これも憶えていない。

大人になってからの考えだが、これは判断停止を伴う緊張を与えておいて解き放つ、今はやりのコントラクション・アンド・リリース、七十年も昔になるがアメリカのモダン・ダンスのトレーニングの一つとしてマーサ・グラハムという人が考案した技術だ、緊張と弛緩を繰り返すことでカラダの経験を柔らかく記憶させ神経ひいては筋活動を活発化させる今では伝統的と言ってよい程の方法だ。

これまで幾度となく父に死体を見せられた話を他者に話し、自分でも繰り返し思い出し、その意味を自分で深め拡げていこうと思い続けていた。本稿で記憶は前進した、有り難しだ。

何故ここまで書き続けたのか、世の中ではいつ頃からか「絆」という言葉がはやり使われるようになった。本来は動物を繋ぎ留めておく紐のことだったようだが人間同士の繋がりを絆と言うようになったよう、だが、繋がりの固さは同時に一方的に引っ張られ、断ち切ることのできない業《ごう》を産み、ときに豊かで人間的でヒューモアな平等を不在にする危険すら孕《はら》んでいる。猫も杓子もついでに総理大臣・高僧・学者様までもが「絆」を口にする。本当のところ如何《どう》なの？　と聞きたいくらいだ。絆をリリースできてこそ本来的ではないのか。言葉は「身に沁みてこそ」生きる。死んでゆくことに、自由で誇りのもてる共同は、人類に求めても無理なのかなァ。アーア。

2020/9/25

カネはフィクションだ

中学入学と同時に母の強い勧めもあってバスケットボール部に入った。以来大学一年生までバスケットボールにカラダを預けていた。虚弱でカラダの小さかった僕の健康を気遣っていた母の勧めるバスケットボールは競争や優劣から縁の遠い僕にはうってつけのスポーツだったのかも知れない、何せ遊びに於《お》いても体育運動に於いても何一つ目立つことのできる子供ではなかったし優位に立つことにどこか怯《ひる》む、これは今でもそうだ。立ち入り禁止オフリミットの向こうに居るような気分を思ったものだ。ゲームならば常に逆転が空想できる、しかし心に於いて優位性を帯びた目標が位置を定めたら必然社会性を兼ね備える、格好悪しだ。

優位を、生きる根拠にしては駄目だ、いやはやこんな工合に当時考えた訳では元よりない。しかし優位を感じそこに居座ることに心が怯む、むしろ慌てる、これは僕の思ったり考えたりすることの根元にずしっとあるように思う。

まだアスリートなんて言葉もなかった頃の話だが、大学に入ってまでバスケットボールをやるなどと思ってしまったのが好運だったのか、ものの見事に挫折した。一人遊びが自然の観察と同調に結ばれていた子供時代には考えてもいなかったスポーツ界の人間ピラミッド、劣る人間の為に敷かれた未来へのレール、計測されてしまう個人の可能性、競争が生み出す優位性。もちろんだが、これら一色にスポーツ界が染まっている訳ではない、個々人の能力の差は競争という経験の質も変える。これらは半世紀以上も昔の話だが、現代でも様々な競技社会内では信じられない体質を内包したままに抜きん出たアスリート達に競技人気・人口の増加を期待し目立とうとしている。断っておくが僕がバスケットボールをやめたのは他でもない僕の能力が全く特別ではないことがよく分かったからだ。僕はあの頃、たった一度の人生という常識が言葉以上に切実に真に迫ってきていたのだった。挫折にも色々ある。

僕が今、そのさ中である行為、文章を書くということも僕の心の内をよぎる思いによっては、競争あるいは勝敗の空想にえんぴつの芯が作る文字が拐《さら》われるかも知れないのだ。今、思い考えることを本当と思える言葉にして文字として表す。ノンフィクションだ、随分むかし「オドるように書く」ことを望んでいた。即興はノンフィクションであり休まない革命だ。結論に向かっているが至らない、何故なのだろう。勝敗がないからだろうか。常識に落ち着く暇がないからかな。

先日、ＡＩが将棋の藤井聡太《ふじいそうた》さんのとある一手に対し〝彼はこの勝負に九〇パーセント以上の確率で負ける〟と予測をした、しかし彼は勝った。ＡＩが無数の情報を元に考えても予測が外れるスーパー常識破りの一手だったのだ。地球生命史は数々の常識破りによって現在がある、常識は時々のものでしかない。世の中には疑ってみるべき常識があふれている。常識と忖度《そんたく》が制度を増産し、委員会の論理までもが汚辱にまみれている。現代日本の社会常識とはどんなものだろうか、僕は知らない。改革を日常のことにしない政治家が国家を語ったところで所詮保身保守の人形だ。カネはフィクションだ。無い所に流れろ！

2021/9/24

五十七歳の脱皮

何日か続けて、早朝から夜更けまで、まるで一日が一生であるかのような日々をすごしていた。「俳優さん」という僕の仕事の一つを成し遂げる為の日々が続いた。この仕事をやるようになってあのときからまだ十五年、相変わらずの駆け出し・新人・しろうと、とにかく勉強させられる修業の身、ふと見廻せばどこの現場でも僕が最年長のジイさんだ。すでにジイの入り口の五十七歳、山田洋次《やまだようじ》監督がスタッフひきつれて山梨の僕の棲家を訪ねていらっしゃったのが俳優修業の始まりだった。オドる馬鹿の僕にとっては当《まさ》に飛躍か墜落か分からないが大ジャンプ、ときに僕の大師匠土方巽《ひじかたたつみ》（オドリに限らずあらゆる表現活動に影響と変革をもたらした人、一九八六年没）が世を去った五十七歳という時節に何度目かの脱皮を決心することになったのだ。僕はいつも脱皮のチャンスを狙っている生き者だ、山田洋次監督の映画への誘いに乗ったのはそうした僕の生物的好奇心が強かったからだ。

「俺には道はいらない！」と、幾度も口走ってきた、心底そう思うからだ。人生には道とかレールとかを比喩として、その先に成功や美味しい物があるかのような言い方で進路を説く技がある。怪しいぞ！　と常に思ってきた。道もレールも危険極まりない、こちらが用心し微調整し変更が可能でなければ、ただ運ばれているだけではないのか、僕は自分のカラダを自分で運ぶ人でいたいだけなのだ。落とし穴にも偽の階段にも自分で気付く生き者になりたいのだ。アウシュビッツに向かう貨車に詰め込まれたカラダの絶望！　してはならないことでも権力は道を説く、人生を説き道を説く、俺はそんなジイにはなりません。カマキリや蜘蛛の子達の生まれたばかりの混乱と決断のサマを見たことがあるでしょうか？　道もレールもない世界へ、まさに「散ってゆく」、人類もかつてはそうだった。厳しくて淋しくて誇らしく輝かしい「自由」、解放感と自由とは違うものだ、世の中は相変わらず自由の本質を隠している。人が、人自身の作った物を比喩に使うときほど危険で怪しいことはない、お忘れなきよう。

オドること、と芝居すること、とはすぐ隣に居るようで意外に今なおその違いを深く突っ込むことなく自然に存在、共存している。人類による言葉の発明・発見以前と以降のオドることと芝居することの関係の違いは大きい。言語と映像の係わる脳とそれらに関係する感覚脳との関連因縁がオドリや芝居の原初の秘密を握っているに違いないのだが、現世利益の時代だから、こんなことに興味ないのだろう、仕方ないか。でも、相変わらず芝居ビギナーの僕は、言葉とカラダの、もはや二元論的思考では永久に収まらない関係（関係と言うと何か簡素に向かいそうだが全く反対方向）が発生していることに気付いたり、台詞と個人あるいはカラダとの境目をどう見せる、どう見えるかなどなど考えていたら、一日は短すぎる。やはり何よりも楽しくて小さな小さな勉強がたくさんできるときのない「現場」なのです。どんな「現場」もそうであるように。

2017/2/24

映画『たそがれ清兵衛』(2002年、129分、松竹)の撮影現場で
山田洋次監督(左)と当時57歳の著者

口説かれてみるものだ

五月、六月と何とも忙しく、と言ってよいのか、実に楽しく、と言わせてもらってよいのか。多種多様の仕事が次々と向こうからやってきて、しばし夢中熱中、準備と体験と勉強の愉快なトンネルを抜けると向こうから別の仕事がワイワイとやってくる、不器用な時間メ！と思うのだが必ず通過するのだ。楽しかったと言わせてもらおう。

村から出ての移動先では僕の仕事は色々だ、が、嫌いなことはやらない。オドリに関わる内容の仕事つまり公演やワークショップなどで諸外国日本国内を移動し続けていた昔と違って、そうです五十七歳だったとき、それまで空想にも夢にも現れなかった映画に出演するという大事件が起きてしまった。言葉を使った仕事、それも演劇系の仕事とは、思いも寄らぬ事態。僕の目指しているオドリに物語は必要なかった、ましてや言い訳など、などなどとブツブツ考えてはいたもののこの事態は後に僕の踊り人生を刻々と深くて広い展望へと導くことになるのであった。

映画が完成し人々の目の前に現れるまでのプロセスに出演者として参加できたことは幸運だった。山田洋次監督による『たそがれ清兵衛』がその幸運のフトコロだったのです。俳優・役者という仕事の困難と落とし穴は言うまでもなく撮影現場の多種多様な専門の表現的職種に好奇心は膨れ上がる、超ド級の素人俳優は自分の番がやってくるのを心臓破裂の危機を抱えながらも心は現場への興味に子供のようにワクワク浮き浮きもしていたのです。とはいえ僕は「役」をいただいた俳優、出番は必ずやってくる、待ってましたとばかりに。一日一日がその日であり次の日でもあり過去にもなる、現実は常に流れている。だが現場の時間はまさに不器用な機械のような人間意識のデコボコ不規則で充満している。

「本番・スタート」の言葉に、その場の集中は俳優の一挙手一投足に向かう。観客席からの刺激とは全く違う、今の僕の言葉で言えば、スタッフ全員が俳優以上に役になっている、そうであって初めて場面が成立するのだ、こんな工合だから堪らない。

唐突に中断するが、『たそがれ清兵衛』の出演は僕の踊り人生を変容する大節目になったのだ。オドリ＝カラダと公言していた僕が言葉を使う表現にカラダを浸し始めた。言語と身体という硬めの命題に行きつ戻りつを繰り返していた思考を具体的にカラダから言葉を出す・放つ仕事をオドリ同様に勉強したいと思ってしまったのだ。一回の出演でやめようとしていたにもかかわらず、だ。昨夜、十五年前にＮＨＫテレビで放送された『ハゲタカ』の再放送を見た。十五年ぶりだ。『たそがれ清兵衛』から五年たった僕のテレビドラマ初出演の作品だ。当時テレビに出たいなど思いもしなかった、押しつけがましく安っぽい人生論だぐらいに思っていたのだろうか、出演を断るつもりでNHKにでかけた。説明と感情で満たされた言葉のドラマをけなしたと思う、がどっこい制作統括と演出家にまんまと口説かれる羽目に。『ハゲタカ』出演でも多くを学んだ。言葉とカラダ、居住まいとカラダ。劇中忘れられない菅原文太《すがわらぶんた》さんとのシーンは相も変わらず刺激的で示唆的だ。

2022/7/1

感覚が言葉に優っている人

夢にも思っていなかった事態に、この僕が巻きこまれた。既知の方も多いかと思うが、僕が参加した映画がフランスのカンヌ映画祭のコンペでノミネートされ何と、映画祭のレッドカーペットを歩く、という言外の体験をする羽目になった。オドリと一生付き合おうと意志する一方で言葉をその素材とする演劇の世界にオドリがどう関わりを持てるのか、俳優という肩書を受け入れて二十三年。考え続けてきたことだった。いくら経験しても自分は初心者だと思い続けていられるのが俳優という在り方、仕事なのだと思う。つまり上手いということの本質が深いのだ。一方、比較する気になれぬ程オドリは眼に見える技術が最優先する業界になってしまった。能力と運動神経そしてリズム感、スタイルなどがオドリへの評価基準に成っている、そうだろうか。オドリは言葉を待ち望んでいた人間が始めた感覚や思いの表出だ。その証拠に現代でもオドリは言葉にできない、言葉以前、言葉で決定できない・終わりのない物事のカラダからの表出として現される。感情も感覚と考えるならば、人間の営みは感覚の活躍とその認知で満ちていたと思う、大大昔の話です、言葉もなく楽器もなかった時代、カラダとそれを囲む環境がオドリの場だったのだ。

レッドカーペットを歩くヴィム・ヴェンダース監督と主演の役所広司《やくしょこうじ》さん、他の出演者三名（僕を含む）そして製作・脚本・カメラ。カーペットの両外には夥《おびただ》しい数のカメラ・TV、劇場に向かう道の最後は広い階段が続き、そのまま映画が上映される劇場内へと続く。レッドカーペットのお練りの様は満員の会場スクリーンで映写されていて僕達が場内に現れる前から拍手と歓声の嵐、用意されていた客席中央の席で立ったまま観客にしばし顔見せして着席、にしてもヴェンダース監督への期待のすごさよ。場内暗くなり、新作映画『PERFECT DAYS』の上映が始まる。

夜明け前の光の中で、余分な物の全くないアパートの一室でタタミに敷かれた布団の中でその男平山が目をさます。目覚まし時計もない、気がつくと外の道で竹箒《たけぼうき》で道を掃く人の姿とその音。平山は軽自動車でカセットテープのオールディーズの曲をしばしば聞く、仕事場へ向かう道、帰る道すがら。平山の仕事は渋谷区内の公園のトイレ掃除を次々とこなすことを日々繰り返す。……いつの間にか無口な平山が感じていること、その感覚に僕はピタッと寄り添っていることに気付く。単なる繰り返しと片付けられそうな質素で無口な一人の男、言葉は微少だ。平山を見続ける僕の感動は、仕事終えて家路につく高速道を走る車の運転席での平山の三~四分のズームされた表情に極まった。言葉を超え時間を超え理屈を超えて、喜怒哀楽が、いや人の生命が、時間が次々と表情に気配にどこからか訪れる。しかもこの非常識な変化に誰もが誘われ同行できる。何という技術、感性。僕は平山のオドリに附いていった。実は映画の中では僕はオドるホームレス、魂だけの人だった。勿論言葉はない。平山である役所広司は正しく感覚が言葉に優《まさ》っている人だった。いや言葉も感覚で満ちていた。ぜひご覧になっていただきたい。

2023/6/9

映画『PERFECT DAYS』監督のヴィム・ヴェンダース氏（左）と著者。
2023年5月カンヌ国際映画祭にて（製作：柳《やな》井《い》康治《こうじ》、共同脚本：高崎《たかさき》卓馬《たくま》）

人生に飽きたら稽古をしよう

「光陰矢の如《ごと》し」、若かった頃によく耳にしていた言葉だがさっぱり聞かなくなった。昔を振り返ると時は一瞬のようにして過ぎている、だから現在の時間を大切にせよ、といった教訓だったのだろう。「一日一生」も実感するのはとても難しいが結局のところ意味の近い言葉なのだろう。一日を一生のように思うなんて僕には至難の業、それとも一生が一日、いずれにしても怖い言葉だ。師匠土方巽は「生まれたときから即興さ！」と言っていたが、僕流に今風に言ってみると「生まれたときから即興ライブで生きてるのさ！」ということになるのか、つまり「リブ」と「ライブ」は同じ語なのだ。今僕がえんぴつと消しゴムでこの原稿用紙と格闘しているのもライブだが、僕の頭の中は過去も未来も含まれる「現在」という「リブ＝生活」の思考のまっただ中だ。

現在は一瞬よりどのくらい長いのだろうか、変な質問かな、どちらにしてもチョコッとしたらもう過去だ。つまりどう踏ん張っても「過去のことさ」の連続なのだ。これはヤバい、自分の現在を認識しながらも過去を作り未来に移っている、現在に夢中になって引き伸ばしてみても時計は止まらない。浦島太郎みたいなことを言っているが、一瞬の過去も過去、これ又大いにヤバい。大江健三郎《おおえけんざぶろう》さんは「一瞬より少し長い永遠」という言い方に託して新しい人の規範を語ろうとしていたように思う。歴史には時がつきまとうが、僕達の過去は順序も崩壊し、記憶の不在も一瞬にして埋めもどすことが可能だ。プールの中で大小さまざま浮いたり沈んだりする不思議な物体のよう、好んで引き寄せる過去は手垢で光ってすらいる。

過去にトピックばかりを求める現在だと、多分に「運が悪かったのね」、で今の居場所もおぼつかない。過去はすでにその価値も変容しているのではないだろうか、あるいは意味すらも変化したのではあるまいか。いや意味を変えなければ過去に置いてこれない物事も多くあったに違いない。僕なんぞもその例に洩れず多数のまずい過去を置き去りにしてきた、しかしそれらと糸は繋がっている。いやそればかりでなくますます鮮明な度合いを増して記憶されているのだ。

唐突に思われるかも知れないが、稽古が僕は好きだ。稽古は元々、過去を考える、という意で使われていた。何も表現発表の前段階の為のみに使われたのではない、つまり稽古そのものが生きるライブな感覚の発露であったに違いないのだ。稽古は過去(記憶)との往来が多ければ多いほど確実に未来に繋がる。現在・過去・未来が複雑なつらなりを構成するに違いないのだ。過去から逃げてきた人でも稽古は有効な独立運動だ。「遊び」の種類の少ない近頃の子供達は気の毒だ、遊ばなかった大人の作ったオモチャで遊んでいる。僕の子供の頃遊びこそ稽古でライブだった。生《ナマ》の自分だった。遊びを考え出すのも子供達自身、どうして金をかけなきゃ遊べなくなってしまったのか。知ってて知らないふりするならライブでやってくれ。最後に一言、「政治屋の皆さん、もっと稽古してください！」。

2017/6/2

人生の余白には他者がひしめいている

時代劇映画の撮影の為に京都にやってきた、間もなく三週間になる。明日はその撮影最終日、いよいよ映画の最終シーンということでドタバタしているかというとそうでもない、緊張は通りすぎて勇気をふるい立たせる日々が続いている、と言うのがふさわしい。なおさらに明日は撮影現場が豊かな終了を迎える為に元気と勇気を発揮しようと思っている。といった次第で、まるで言い逃れめいた、芝居のト書きのような原稿になってしまってはいるが、えんぴつの足取りは軽くなった。

映画での僕の役はちょうど僕の実年齢から始まり年を重ねてゆく老人の役だ。生命のたくましさと世間の常識に抗う個人の誇りとを表現させてもらえる願ってもない仕事が僕を挑発してくれた。『HOKUSAI』で唯一無二の浮世絵師、北斎その人を演じているのだ。オドリと共に生きてきた僕が、これ程ポジティヴ肯定的に参加できることが、どれ程シアワセだか分かっていただけるだろうか？

一人分の人生を一回生きること、これだけでも充分に豊かだと思う。でも一回というのが僕にはひっかかる、人類はたくさんの偶然をものにして進化してきた、これは疑う余地もない。では僕は、と言えばやはり偶然をどう処理するかが僕の問題ではある。国も家族も生きてる時代もみんな偶然、これを定めとも言う。偶然も定めもたまたまだ。たまたまから逃れ這い上がる為に人間は血も涸れる程の努力と抵抗をし続けてきた。一個人を平等と権利で保障する、と言葉を使用してはいるが、実現を願っている人はどんな個人なのだろうか。一回の生という現実の前でたまたまを社会的努力で克服できたのかできるのか、疑問だ。被差別の当事者は全員たまたまのおかげなのだ、不平等と平等の溝の深さはその淵に立たなければ実感できないのか、だったらなぜ言葉を使うのか、僕の中の子供が騒ぎだした。僕は子供の僕と一緒に考える。ひょっとしたら一人分の人生では足りないんじゃないか、と。ガラス張りが怪しいように一人も怪しいんじゃないか、と。僕の問題をそっちのけで言いたいことに傾いてしまったが、一回の生を何人分生きるのかが僕の好奇心であり人間に対する尊敬でもあるのだ。明日は何と言うか知らないが、僕達人間は常に別の人生を生きる権利を有している、と思う。明日は常にまだ来ていない、と同時に未来は一秒後にやってくるのだ。どうしようかね。自分の内なる他者というたまたまを。

2019/7/19

第三章

名付けようのないオドリ

空気・空間を変えるオドリ

一九七〇年代後半、当時の日本ではあまり使われていなかったワークショップという語を使い、それまで一人で工夫実践していた身体運動の練習の場を仲間を募り「カラダのワークショップ」と名付けて開始した。カラダを唯一の素にしカラダから始まる様々な方法の工夫考案に熱中した時期だった。それまでのレッスン、トレーニング、稽古といった先生と生徒という関係のもとに目に見える進歩を目標にかかげる方法とは違って、ワークショップとは参加者個々人が主体となった体験型の協働作業のことだ。つまり各々の事情や条件など個の違いを前提とした場ということだ。カラダと言いながらもカラダの中の見えないその人自身も作業に加わることになる、無意識下の事柄もだ。言葉もカラダの為せるワザと初めから定めていた。

遡《さかのぼ》る七〇年代前半には、僕は一糸乱れぬ振り付けされたオドリに嫌悪どころか恐怖すら感じていた。それを美しいと思う自分にも腹が立った。おまけに競い合うように技術を見せ合うオドリにも、苦手意識も手伝って厭気がさしていた。僕には、カラダが変えてしまう空気・空間こそが魅力だった。動きやポーズではオドリの半分も実現していないと思っていた。カラダを取り巻く環境とカラダの内側から全身に満ちているもの、それがオドリだ、と思い詰めるほどだった。

一九七八年初めての外国パリで、生まれて初めてダンサーとして認められた、それも多数の人々に。以来、年の三分の一は諸外国の都市を巡るツアーに毎年出かけることになる。近年はコロナ禍で渡航ままならず外国での仕事は遠ざかっていたが、機会が戻れば積極的にライブな表現を再開したいと思っている。さて、諸外国でのパフォーマンスとワークショップの広がりもあって日本での長期（二ヵ月間）のワークショップに参加する外国からの若者は毎年三、四十名、国の数は二十三ヵ国にまで広がっていった。日本人は外国人と比べて少ないのが残念だが、二ヵ月というのがネックなのか、仕様もない。

僕の提案・提供できるワークショップの場はカラダを源とする全ての表現に開かれているもので、オドリの、とは言わず「カラダのワークショップ」としてずっと続いてきた。この「カラダのワークショップ」は基本二人で、ときにそれ以上で他者のカラダと協働して行う方法の数々だ。ストレッチのような、筋トレのような、感覚の発掘のような、カラダの中の動きの認識、そしてカラダの外の環境世界との距離と交信などなどを、他者のカラダと共同し互いのカラダを提供することで観察し感知し受容し、ときに模写し模倣もする。ときにディスカッションも世間体を意識しすぎた姿勢から立ち直る方法として有効だ。

僕と仲間達が山梨県白州町に移動してからワークショップの場は、板の間のスタジオから土の上に変わった。都市のスタジオや仮に公園という環境でも、そこは世間のど真ん中、人間様の世の中だ。ミクロにもマクロにも地球を世の中・世界と信じてきた地球ファーストの僕のオドるカラダ追求が、白州の地で加速、深化するのだ。

2023/1/20

僕は地を這う前衛である

一九八〇年代、工作舎が出版していた雑誌「遊」に、編集長をしていた畏友松岡正剛《まつおかせいごう》の勧めで四百字詰め原稿用紙四〜十枚のエッセイを書かせてもらっていた。今でもそうだが直感と純粋だけが取り柄の下手な文章だったと思う。しかし「現代詩手帖」にとり上げられたり、外国語に訳されたり、と捨てたもんではなかったとも思う。幾年か連載されたその最終

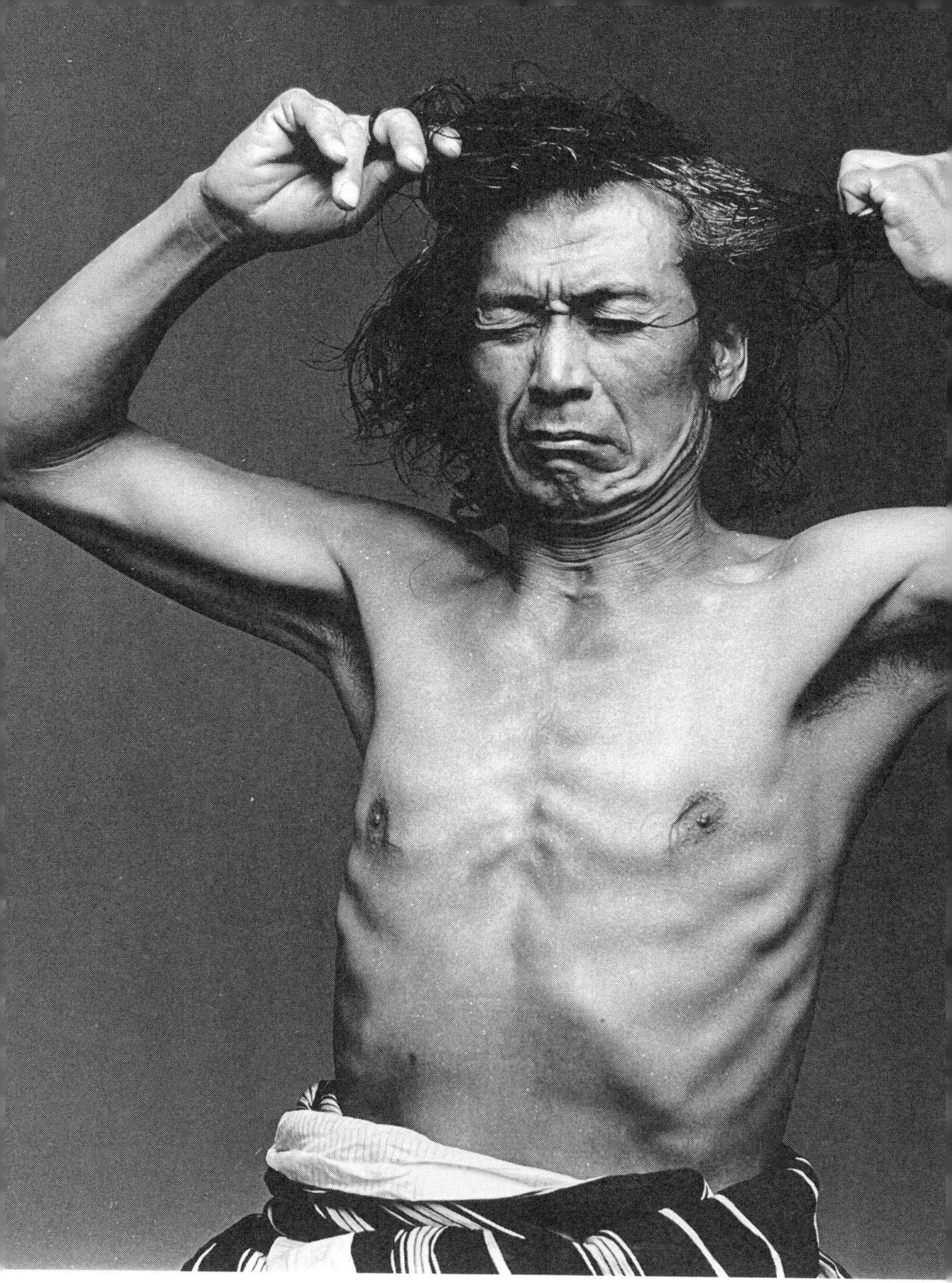

写真：アニー・リーボヴィッツ

回「僕は地を這う前衛である」と書いた。当時活動を休止していた土方巽を、世の中に引き戻したくて必死の想いで書いたエッセイでありオドリと一生かかわろうと決めた僕自身への宣言でもあった。

理路整然と語ったり書いたりすることの生来苦手な僕が「地を這う前衛」と書き、自分の生き方を限定したことは、その後の僕の人生の節目節目、考えることごとのすべてにドッカリと僕の心の底に子供の夢のようにして居座っている気がする。そもそも直感的に書いた「地を這う前衛」という言葉に、僕は一体どんなイメージを抱いていたのだろう、イメージよりは観念の方が強かったかも知れない。いや意味は簡単だ、「地面に這いつくばって動こうとしている少数者」がそれだ。

多分、僕は「地を這う前衛」を多様に自分自身に証明する為、生きる時間を実験に供しているのかも知れない。それは大したことじゃない。一回ポッキリの人生だ、他人に決められるよりは自分で決意して失敗した方が格好いい。他人に見せる為に生きてるのではない、むしろ誰も見ていないところに居る自分を格好いい奴だと思いたいのだ、その為の行動がアクトなのだと思う。

アメリカ南部の町ニューオーリンズ、アフリカから連れてこられた黒人奴隷が自分達の音楽をアイデンティティーに変えた町を訪れた。コンゴスクエアから始まった黒人達の音楽は、白人支配者の目線をはね返した。ジャズは間違いなく地を這う前衛者達の生活から生まれたのだ。「上から目線」という言葉にしばしばテレビや日常の会話で出合う。いったいどんな気持ちで上からの目線を受けとめ、それをどうしようというのか、何も変わらない言い方が世の中には氾濫している。会話をやり過ごす為の道具になり下がった言葉、いやなり上がりかな。「下から目線」は何故使われない、世界は上下ばっかりでできているのに何故不思議に思わない。僕は目線を全く無視した這いつくばりの位置を選んだ、時々は大空を見上げる。そこには常に変わり続ける世界がある。

2016/2/12

一体その人には何があるのだろう

立った姿勢で手足を自由に操りオドる、僕が習ったオドリのことごとくは手足を拘束しない体勢での表現に終始した、つまり歩いたり走ったり、跳んだりはねたり、廻ったり、と日常のカラダの動作をより装飾的にしたり、抽象的にしたりして動きの基礎を作る。この時点ではオドリの動きというものは本来日常の動作が動機になって考え出されている。ところが僕達の日常の動作は速度と動きの大きさにより、あるいは中断という事態によって様子が変わってゆく。動作の意味が曖昧になったり、意味を根拠にしては動きを見続けられない、ということがオドリの動きには発生してくる。ジェスチャーとかマイムとかとは決定的な違いがオドリにはある、と言える。

山梨県内に多数残っている「お神楽」の舞いなどは動きを見続けていても、さっぱり意味は分からない、演目のいちいちに物語とも言える筋があり、おまけに「お神楽」の観客の多くは地域の人達で成り立ち筋を了解の上で鑑賞されてきた。長い時を経て動きは分かりやすいものから抽象的に、そしてより整備された所作動作に変化してきた。県内のお神楽の多くは国造りの物語を土台にしたものだが、地域が異なると表現は随分と違って見える。

白州町駒ケ岳神社のお神楽が楽しみで桜の頃毎年のように足を運んだ。舞い手の創造する舞台に惚れぼれとしたものだった。オドリや舞いには意味や理解を超えた魅力が舞い手のカラダとその周辺に漂ってくる、勿論、技術のおぼつかない人はその例ではないのだが、同じくらいの技術を見せることのできる人同士でも魅力の差は現れる。僕達の眼は見えてはいないのに、何故か雰囲気とか存在感とか気配などを「見る」ことができる。感じることや伝わってくることを「見える」と日本語は表現してきた。一体その人のカラダには何があるのだ

第一生命ホールでの公演のリハーサル、
土方巽氏（当時56歳、右）に教えをもらう著者（39歳） 撮影：岡田正人《おかだまさと》

ろう。

僕の師匠土方巽は「中の素材」と称《よ》んでいた。人格、人生経験、夢、思想……？　どれも当たりとは思えない。昔の大人達はこんな言い方をした「絵ごころ」「オドリごころ」「芝居ごころ」「唄ごころ」云々。「あの子にはオドリごころが有るねぇ」と。残念ながら僕はそのようには言われなかったが、とにかく心があるらしい。師匠の言う「素材」と「心」はどう絡んでくるのか。

思い出してみると、オドリの習い始めの頃先生方は皆、「自分の内部（中身）の感情や思いを自由に表現するのが新しいオドリだ」と言っていた。僕はそんな風に思えなかった、というのは自分の内側ぐらい恥ずかしいものはなかったからだ、何故それを外に出さなければならないのか、創造とか芸術とかはひどく大変なことだなあ、と思ったのだった。五十年以上も前のことだ。

2016/2/26

プラハ、檻の中で裸を晒す

プラハのホテルの一室、朝の四時半カーテンを開けても外はまだ暗い。プラハには山がないのでホテルの五階の窓からは完全な日の出がオガメる！　日本では八時間向こうを生きているから昼飯ごろか!!　ヤバい！　一瞬にして山梨の山々が、空気が、陽差しが、富士山が、畑が、バァーンと頭の中で破裂した。瞬間性ホームシックというやつだ。僕のシックは時間をとらない、長引くとオドリに影響するからだ。

ふっと煙草を吸いたくなって部屋を出てホテル地上階まで降下、玄関わきの公共灰皿の設置してあるベンチまで移動、やれやれだ。僕の愛飲しているショート・ピースは世界一うまい半世紀以上も付き合っている煙草だ、健康のバロメーターでもある、つまり味を感じないときは吸わない、簡単なことだ。僕は呼吸に臆病なのだ、吐く息、吸う息に何か不都合が生じると気になって仕方がない、つまり風邪すらも居座らない用心深さが僕にはある……余談が過ぎたか、ただ早朝の外の空気を吸いたかっただけだ。

ベンチに座って夜空を見上げる、ちぎれ雲が影絵のように横切り流れてゆく向こうにきれいな左三日月（下弦の月）が浮いている。顔を左の方にゆっくり回すとビルの上向こうの空が下の方からきれいで弱々しい夜明けの色に変わりつつある。僕達の地球が回転しながら突っ走っているおかげだ、本当にありがたい。空の営みに感謝しながら部屋に戻る。日の出だ、薄い雲が見事に染まる、原稿用紙にまでその光が柔らかく息を吹きかけてくれているような気分だ、清々しい。こんな感覚に全身が包まれているのは、きっと断食中のカラダだからか、今日で四日目になる。

プラハに着いたその日から少量の液体だけですごしている。何故？　と聞かれたら、プラハだから、が一番僕には正しい答えになるのだけど。一九七八年から八〇年の僕のオドる裸体を撮った写真家田原桂一《たはらけいいち》の写真展（半年間展示）と同時に僕のオドリも一週間連続して、ここプラハ・ナショナル・ギャラリーで公開されることになった。大規模な展覧会だ。中国の作家アイ・ウェイウェイの巨大な難民ボート（どうもボートの左右のふくらみは北朝鮮のミサイルのようにも見える）も展示されている。

田原さんの写真（一枚二メートル四方の）が連連と続く同じフロアに檻のような貨車をも思わせるような鉄の囲いを作ってもらい、その中で毎日六時間、裸体のオドリを晒《さら》し続けることにした。これはかねてから考えていたことだった。無差別大量殺人の歴史に個人を、日

2017年3月、チェコのプラハ・ナショナル・ギャラリーのグランドオープニングで開催、
田原桂一「光合性」with 田中泯写真展期間中に行われた著者のパフォーマンス

常を捨てたカラダで沈黙の抵抗を示すつもりで、刻刻と変化する肉体を僕の精神の道連れに、と覚悟した。アウシュビッツで、南京で、アフリカで……世界中で裸の辱めを受けた上での死。人類は未だに、他人の「生」を奪うことを正当化する「言葉」をもっている。何故カラダの奥深くにルールを掟を作れないのか。一回限りの「生」！　よく言うよ人間。

2017/3/24

優位に立たない戦略？

この文章を僕は、フランス・パリ郊外のパンタンという地区にある部屋で書いている。一週間が過ぎた。国立ダンスセンターという所で催されているダンスのワークショップに教師として招かれ、二週間の滞在を要請されて、熟考のうえ引き受けた仕事だ。世界各国からのダンサーと舞踊学生によって構成された三十名のクラス、目指す方向に違いはあってもプロフェッショナルになろうと思っている人達だ。悪戦苦闘、苦手な仕事だ。

ワークショップ風景（中央が著者）

ダンスはあまりにも枝分かれしすぎた（かのように見えているだけなのかもしれないが）。参加者それぞれの現在からダンス（以下オドリ）の発生や欲求をさぐるのは苦痛かもしれない。だって皆オドっているじゃないか、オドリは継承されてきたんじゃないのか？　と、まるで大勢は決まった、かのような思考が世界中に、オドリ社会に、蔓延しているようだ。

オドリって何だ！　に常に引き戻されるような話し合いを中心にしたワークショップが連日続くのだ。好奇心が底を突きそうな人もいる、が興味というのは初めは向こうからやってくるがこちらが働きかけなければ対象は常に薄っぺらになってしまう。あと一週間、参加者各人がオドリの芯をかじることができるかどうか、楽しみではある。

優位に立つ、ということが命題であるかのように世の中が動いている。国と国との間、人と人との間、戦争、戦略、スポーツ、金と金との間、レート、党派性。仕方のないことなのだろうか、一体どうして優位に立つ欲求、快楽が人に巣喰ってしまったのだろう。「下らんっ！」て言ってられない事態が歴史を刻々と作っている。僕は常に未来を踏みしめながら生きているっていうのに一体何てこった。未来の子供と今の子供とどこが違うのか、念仏のように未来、将来と口から放出される言葉達に未来はあるのか、優位を享受しているカラダが嫌いだ！

もちろんオドリという名もなかったのだから認識もしていない。しかし他に方法がなかったのだろう、ヒトは日常には必要のない動きをし始めた。名もない行為、そして少数であったに違いない。分かる分からないというやりとりとは違う。交感、交流、共進が起きていた。この、名もない動きと、見えない共感が自然の一員であったヒトのオドリの始まりであった、と僕は決めている。単純素朴な共感が果てしのない多様性の始まりであった。僕は間違いなく彼《か》のヒト達の子孫である。オドリにはもとより優位性もその感情も存在しない。

それにしても、イギリスや中国は、そして列強の国々は、加えて優位を志向するわが日本は本当にどう成れば満足なの?

2016/7/1

サンタ・クルス、檀一雄と高倉健

昨夜、トーレス・ヴェドラスでの公演を終え、市内の食堂で打ち上げのあとホテルに戻り就床前の一服をとベランダに一歩出たところで足元に一羽の鳩を見つけたのだった。月明かりのベランダ、それも九階という高みの部屋のベランダに何故鳩が、と思いはしたものの疲れ切っている僕のカラダは椅子にドカッと尻を落としてタバコに火をつけるのが精一杯だった。鳩は首を忙しく動かしながらも逃げる気配がない。当然のことなのだ、仮に人間が怖くても夜飛ぶ鳩など見たことがない、夜、それも暗くなり何も見えなくなる直前にこのベランダに飛んできたのに違いない、何でまた僕の部屋のベランダなぞに、とぼんやり思い思いしながらベランダの向こうの風景に目をうつす。

トーレス・ヴェドラスはポルトガル国のリスボンの北、そこの主催する文化祭に招かれて僕は八月の末からここに滞在している。これまでの殆どの時間をホテルから車で十分ほど走った海岸の村サンタ・クルスですごしていた。オドったり老人達の話を聞いたりしながらそれらを映像化（ドキュメント）するのが目的、その場所で生まれるオドリそして人々との触れ合いを目撃してもらう、そんな訳で『メゾン・ド・ヒミコ』や『グーグーだって猫である』で出演させてもらった映画監督犬童一心《いぬどういっしん》さんとそのチーム五人が同行することになり、すでに一週間がたった。僕と、片腕の石原淋《いしはらりん》そして犬童組五人、合わせて七人の犬童組プラス一人のポルトガル人通訳。彼女は山梨に四度も滞在したことのあるダンサー、都合八人の僕達の心の中には二人の故人が位置していた。

檀一雄《だんかずお》、詩人小説家の檀がその晩年一年半近くにわたり暮らした村サンタ・クルス。檀をして「生涯のもっとも至福の時」と言わしめたサンタ・クルスの風景と人々との時間。そして、その檀一雄の足跡と人生を追いかけるようにして作られたドキュメンタリーはサンタ・クルスまでその身を運んだ高倉健《たかくらけん》によって深く完結した、ドキュメンタリーの題は「むかし男ありけり」。僕達には二人の故人にかすかに手を引かれている気分があった。

その気分は今もあるのだが。「落日を拾ひに行かむ海の果」と檀が詠んだ、その落日に執着した僕が居た。オドリは僕のカラダから砂浜に、そして海を渡りすべての境を消し去る夕焼け空そしてまさに彼方に落ちてゆく燃えさかる心臓のような太陽を追いかけていった(口絵のカラーページ)。

落日に向い/波音と共に歩き/巨石のふるえるような遠吠えと/
解体直前の家の塀に/無人の家のドアの前で/そしてキリストの前で/
僕は踊った

朝外光に気がついてカラダを起こしベランダに出た。昨夜の鳩が待っていたのかそこに居た。夜明けとともに飛び去ってよいはずなのに。昨夜よく見えなかった鳩の両脚には金属の輪が着いていて文字が見える。そうだレース鳩なのだ、長距離を帰る鳩がベランダで夜をすごした。少年期、鳩飼いだった僕は感動した。鳩は椅子に座る僕の膝に乗ってきた、短い間だったが二人になった！　鳩は力強い羽音を立ててヨーロッパ大陸に向かって消えた。今日、僕もパリに向けて空を飛ぶ。

2017/9/8

ドロップアウトしたポルトガル

初めて訪ねたポルトガルは僕の小さな想像と知識を打ち砕いてくれた。見事なまでにだ。その歴史の殆どを知らずに今日まで図々しくも自分を好奇心の塊と自負していた恥ずかしさ、如何《いかん》ともしがたい。

大河ドラマのような日本の時代にすでに大洋をどこまでも未知をものともしない西欧の先駆けとして日本に宣教師を送り込み鉄砲やサツマイモを持ち込んだ国、それだけではない、新しい日本語になった様々な文化をもたらしたのもポルトガルだ、つまりポルトガルは「先進の国」だったのだ。先進国の語には一体どんな思い思惑があるのだろうか、先進、先へ進むとはどういうことなのだろうか、随分と考えることになった九日間のポルトガル体験だった。

日本人作家檀一雄がその晩年の一年半近くをすごしたサンタ・クルス村も含まれるトーレス・ヴェドラスでの体験は、風土こそが文化を産み出し、人間もまた風土にまみれ風土と化してゆく、ということに改めて気付かされたことであったように思う、羨望すら感じたのだった。……十キロに及ぶ美しい砂浜、海の果て、彼方に落ちる夕日、色に染まってゆく青空。サンタ・クルスの村の人々のカラダにはこの光景が細胞と交わりながら息づいている、と僕は思った。

この地方のどんな村や町にもやや小高くなったところには風車小屋がある、ウインド・ミルだ。驚くべきことにこの風車によって小麦は粉になり、この粉から作り出されるパンを近隣住民は日常のこととして買い求めている。今もだ。そう言えば甲府盆地にはかつて水車小屋が点在していた、と聞いたことがある。

多様で多品種の野菜に満ちているにもかかわらず「青汁」を飲み続ける人々をテレビで映し出す日本と比べると、本当に品数の少ない野菜で暮らしているポルトガル人をだからといって不健康だとは決して思えない、人々は元気なのだ。町や村のそこかしこに、楽しそうに親しげに友達だろうか景色に美しくおさまった老人達を見た。

僕はこの頃人間こそが空間だと思うようになった。時間を縦にして積み上げるのが人生の型のように語られているが、積み木のような時間に本当に人生を重ねてよいのだろうか? 道やレールや階段に人生をゆだねてよいのだろうか? サンタ・クルスの浜で海をずっと眺めているときにふと思ったのでした。カラダの内側に、そして外側にも時間は記憶として消滅すること無く存在している。水平線をもつ地球の海は大波小波の記憶の姿だ。ときに空は息をひそめ海はまっ平ら。何という空間。僕は水平線の端っこまで手を伸ばしたいと願った、僕も空間、時間や記憶は僕と共に動く。

ボクシングリングのコーナーの椅子に白い輪郭となったあしたのジョーが座っている、感動は今でも現実だ、人という空間にきっと僕は気付いていたのだろう。地球はまだ当分の間、時を刻んでくれるはずだ、時間を気にするのはやめよう、時間に値段を付けるのはやめよう。ジョーは過去も記憶もすべて糸でつないで突っ走った。空間は、つまるところ燃焼し続ける。先進国からドロップアウトしたポルトガルに明日はあるさ!!

2017/9/22

ポルトガル、トーレス・ヴェドラスの街角にて

六千六百万年前の地球でオドる

二〇一九年六月、僕はフランスのポワティエという古い歴史のある地域に居た。二〜三世紀に栄えた都市だというから気が遠くなる。建造物に限って考えると、日本よりもはるかに早く都市の構造ができていたことが分かる。建物はもちろんのこと道路・塀・水路などことごとくが石で工夫されている、風土の違いとはいえ日本のそれらとは余りにも違う、が、都市を囲む農村地帯は土と植物、広い空が住居を開放して都市部とはひどく趣の異なる景色を見せてくれる、日本を想う余裕すら感じたのだ。都市中心部の建造物にはキリスト以前の物もあり路地を歩くのは楽しい、正しく歴史散歩、セメントの覆いがはがれた塀は昔のままの石積みの様が頑丈にその姿を誇っている、時代ごとの試行と嗜好が街ごと博物館のようにして楽しめるのがすごい、耐久年数なんて何のそのだ。

かのジャンヌ・ダルクの処女審問が行われたのがこの地だったということ、そして哲学者ミシェル・フーコーの生まれたのがこの地だったということ、脈絡が無さそうだが、僕の内では大いに因縁を感じるこのポワティエで、秋十一月、三週間の場踊りを決行する、久し振りにフランスに寝転がる気分だ！　待ち遠しい。

日本に帰って諸々打ち合わせ、中禅寺湖でのオドリ、次の映画の為のリハーサルなどびっしりスケジュールをこなし（とはいえすべて楽しく密度の高い三日間）友の待つ帯広へ。

北海道十勝地方、その奥の奥へと帯広の友人達と踏み込んだ。道案内は地区の博物館学芸員の持田さん、目指すは「Ｋ－Ｐｇ境界」、約六千六百万年前白亜紀の地層を地面に見ることができる場所だ。巨大な（大きな物は直径十キロメートル）隕石が地球に降り注ぎイリジウムという宇宙物質を含んだ黒い地層（粘土層）を見ることができる地点。恐竜達が緑の中をドスドスと駆け廻り飛び廻っていた白亜紀の大事件の現場なのだ、人はまだまだ居ない。この地層のすぐ隣は八十万年後くらいの哺乳類の始まりの地層だという。持田さんの淡々とした案内に僕達は引きずり込まれる、その気分雰囲気のうちに場踊りが始まった。そう、六千六百万年前の大地球に立っての場踊りの為に僕達は獣の気配に囲まれ見られながら、この地点に居るのだ。

石原淋がオドリ始めた、いや立って居る、透明だ。淋のカラダは初めての場踊りに直面して何を感じているのだろうか、人の存在を表明する理由のない場所、でもオドリは存在する。そう、オドリはカラダという生命が周囲の生命や物質との交流を希求する動きのことを言うのだ。感じることのすべてがその場に居ることの証明だ。何も表現・表明しなくても一個がそこに居る、周囲のすべてに刺激を受けながら、聞こえる、眼に映る、風がさわる、雲が光を濃淡する……。水の音、音が示す流れの形、カラダの外は森羅、淋は万象。淋はさみしいのか、そんなはずはない、淋の心にオドリは届いたか！　やさしく流れる沢の水音に全身を浸し淋は流れを手の平で叩く叩く叩く、空が聴いている、樹々も、宇宙の物質も、場はオドる。僕もオドり始めた。

2019/6/21

ラ・ママで流れたアフリカの歌声

ベン・E・キングという黒人歌手の「スタンド・バイ・ミー」という曲がある、八〇年代半ば頃だろうか、いやまだ寺山修司《てらやましゅうじ》さんが生きていた八〇年代前半だ、その寺山修司さんの天井桟敷が「毛皮のマリー」で大成功した「ラ・ママ」という劇場がニューヨーク・マンハッタンのノーホー（ハウストン・ストリートの北という意味、ちなみにソーホーはその南）の四丁目にある。エレン・スチュアートという素敵な黒人女性がラ・ママをゼロからスタートした。舞台装置の資材をスタッフ皆で夜陰に乗じて盗みに出かけ本番を迎える、といった貧乏な始まりだったそうだ。

人々に知られてくるとエレンの情熱はブロードウェイ・メジャーなものからオフなはずれたもの、少数なもの、お墨付きのないもの、意見をもっているもの、作品なり人なりを探すことへと向かう。東京キッドブラザースの東由多加《ひがしゆたか》と寺山修司はそんなエレン・スチュアートが夢中になった日本人演劇人だ。

七〇年代末から毎年、多いときは年に三度、僕はニューヨークに出かけワークショップとダンスの公演に力を注いだ。オドリの会場は教会・ソーホーのスタジオ・ライブハウス・ギャラリー・人の庭・そしてPS1《ワン》コンテンポラリー・アート・センター、Pはパブリック、Sはスクール、つまり第一小学校、アラナ・ハイスという女性が廃校になったPS1を美術館として再生した新しい試みのモデルのような場所だ。ニューヨークに行く度に僕はPS1でオドった、作家の展示会場はもとより、狭いボイラー室、地下の廊下等アラナと二人で面白い場所を探し次々とオドリの会場にして人目に晒した。大舞台に興味はなかった、一人でオドるのだから、よく見えてカラダを感じとれる場所が僕は好きだ。

幾年かするうちにエレン・スチュアートにラ・ママでオドらないか、と誘われた、正直驚いた、ラ・ママをアンダーグラウンド、つまり先鋭演劇のメッカだと思っていたからだ。「泯のオドリは土色だ！」とアラナ、僕は快くラ・ママでのオドリの実験を引き受けた。その頃、ラ・ママはそれまでの劇場よりやや広めの会場ラ・ママ・アネックスをオープンしていた、従来の劇場のすぐ隣のビルだ。劇場の上方階には寄宿舎があり僕もそこに泊まった。完璧なまでの人種混合、ひどく気に入った。

さて、やっと「スタンド・バイ・ミー」だ。六〇年代初めにヒットした曲、ジョン・レノンが歌ってさらにヒットは続くのだが、この曲「スタンド・バイ・ミー」のドーナツ盤を聞かせてくれて、これをオドリに使ってみたら、と言った男が、今、ニューオーリンズに住んでいるチャーリー・スタイナーだ。僕はラ・ママのオドリの最後の最後でこの歌をかける、もちろんベン・E・キングの声、アフリカの声だ。驚いた、観客が歌い出したのだ、声が増えて大きく成る、米語の生歌で僕がオドっている、感動だった。

……畑仕事の後、部屋でのトレーニングをすませ、「スタンド・バイ・ミー」を聞いていた、突然の集中豪雨、強烈な雨の音に混ざって聞こえる歌に、さらに混ざって師土方巽の声「泯さん、君はアフリカだろ！」。師の言葉はマジックだ。今も考え続けている。　2019/8/3

僕は野ざらしの墓場でオドった

福島県双葉郡浪江町請戸《なみえまちうけど》、大昔鮭漁でにぎわったという請戸川、その河口のすぐ近くに請戸漁港がある。そばには閉業と記された町立請戸小学校。二〇一一年の大津波と原発事故を境にして請戸の町は消えた。六百戸以上の家々が集まった町は壊滅的被害の後、小学校と二、三のコンクリートの小さな建造物を残してそのにぎわいと共に姿を消した。何も無い。漁港であったとされる場所は復旧だか復興だか、コンクリートの堤と大型重機そして幾艘かの漁船と思われる姿を岸壁に見つけてもこの先何が見えてくるのか危うい。来訪者の為の展望台に立ってみる。太平洋に向かって右側の海岸線を数キロたどるとそこにはあの福島原発があるという、小さな岬と曇天に阻まれてか僕には見えない。見えなくたって構わない、確かに僕の心の底に繋がる物があそこに在る。こんな言葉、どう書いても無力に思える程の無音の空白のイラツキが僕の心の深い底には在る。

一年前、二〇一八年の秋十月、東北岩手一関でオドった後に浪江町を訪ねた。導かれるように車は請戸漁港に到着したのだ。何も知らず消失した町の跡を動きまわった。セイタカアワダチソウが辺り一面を黄色で飾って広大な野原を現出している、近寄れば僕の背を越える程の背高のっぽなのにまるで彼方まで続く菜の花畑のように見えてしまう、放射能に汚染された大地に圧倒的に咲き誇っているかのように思えるセイタカアワダチソウ、この黄色は、どんなに車を走らせても延々と内陸まで続く田園風景、のみならず人家の、町中の、空き地の「色」として僕には印象されたのだった。

翌年漁港の展望台に立つ僕、太平洋を背にして内陸方向、彼方の丘まで続く圧倒的なセイタカアワダチソウの黄色、去年よりその密度は増しているように思う。明治の時代には観賞花として植えられていた花が、戦後米軍の物資と共に上陸して急激に日本の大地に繁栄した外来種。日本の外来生物法では要注意外来生物に指定されているようだ、が、この花の誇らしさに津波の猛威を感じてしまうのは僕だけだろうか。加えて美味しい米の本場でもあったこの地域の水田にも黄色は拡がった。稲を育てていた水田は除染を待たずにソーラーパネルで埋まった。連綿と続くソーラーパネルの隙間から、あるいはそれを囲むように、あるいは押し上げるようなセイタカアワダチソウの群がパネルを襲撃しているかのように僕の眼には映ってしまうのだった。

漁港から遠くない町の中に墓場があった。かなり大きな墓地だったようだ。津波で流され

福島県の請戸漁港近く、地震や津波で破壊された墓地で場踊りが始まる

倒され剝がされた墓の石達は片隅に積み上げられ資材置場とは必然異なる気配を放っている。破壊されたままの墓地はセイタカアワダチソウの野原の中にあるのだが、展望台からはセイタカアワダチソウしか見えない。彼方の丘の中腹に墓地は移転、人はもはや訪れない。近くの道路を走る車の大半は環境省指定の汚染物質運搬ダンプだ。一日中、一年中、ずっと、どこかからどこかへ車を移動している。……僕は、この野ざらしの死んだ墓場でオドった。子供だった僕に幾度となく無名の死体を無言で見せ続けた警官だった父の外套を着て。……台風十九号直後の福島だった。

2019/10/25

オドろう、浪江町で、一匹の蜘蛛と

二〇一九年、福島県浪江町での体験が僕にもたらした物事は、とてもとても、書き連ねて済ますこと不可能だ。五感を通して僕のカラダに入り込んでくる浪江町、耳から眼から情報として侵入してくる浪江町。あらゆる意味で近代という現在が僕のカラダを丸め込もうとしているかのように、どこもかしこも静かだ。体裁を整えようにも取り繕うそばからボロが芽を出すさまは、思えば子供の頃から見てきた戦後の日本の風景と少しも変わらず、僕達の国はボロ隠し・間に合わせ・口裏合わせ・一点豪華・傍観の日々ではなかったか。僕のカラダの中では「何故?」が数知れず巡回している、大人達の生きる理屈は、屁理屈、言い訳の無限だ。「今でしょ!」は矢張り流行語でしかなかった。「戦後は終わった!」、何度聞いたことか、馬鹿言っちゃいけない、今、こそが戦後日本のザマではないのか! 戦後のままの日本に、僕達はありがたいことに生かされている、だって! 一体誰に感謝すれば良い人になれるのですか。

アスファルトの道路を威勢よく車が行き交う、主に汚染物質運搬車だ。この道は除染が済んでいるから通行可能だと言われる、但し自転車・オートバイは不可。道の両側に点々としてある家々の入り口には鎖、立ち入り禁止、帰還禁止の家が延々と続く。放射能という物質はあらゆる手段に乗じて移動する、風・雨・ほこり・衣服……。立ち入り禁止の家の裏手に立ち入りオドった、この家の元住人が望んでくれたから、とても自然に僕は歩み入った。二〇一一年にあった暮らしの様子は形のみ留め物達も皆死んでいる。赤錆びた二階へ上がる外階段から下に向かってオドり始める、壊れかけた階段の手すりに数本の蜘蛛の糸が張られて波板屋根の下に大きな巣を張り手足の長い黄黒色の大将が巣の中央に陣取っている。実は十日ほど前に仙台の奥の村でオドっての帰途浪江に立ち寄り、この蜘蛛にお目にかかっている、まさか元気に生き続けているとは、それも同じ場所で、僕は嬉しくなった。よしオドろう、かつての営みの暮らしの魂さん達に、そして生命をかろうじて輝かせているたった一匹の蜘蛛の大将の為に。僕の手足は四本、大将の手足にやや足りない、が手足を頑丈な糸のようにして僕はオドり、大将の形とその心意気を夢中で模写した。オドリの始まりは模写からだという人もいる。一面的だが、この日はその通りだった。僕は大将と一体化した。見た目には全然かも知れないが形の上での一体化より僕は魂の同化を切望する。目を見合わせて愛情を交わす老夫婦の話を野坂昭如《のさかあきゆき》の本で読んだときの感動は今もある、目合いだ。模写は師土方もよく口にしていたが、僕がそれを体感できたのは今回が初めてかも知れない、純粋な気持ちに成れたのだ。

　これを綴っている僕は現在フランス国ポワティエ市にいる。キリスト以前の道から時代毎《ごと》の教会などの建造物、ジャンヌ・ダルクの処女審問の跡も、そして第一次、第二次世界大戦の跡ももちろん、まるで歴史の現場だ。歴史的建造物に生身を晒してオドる、場踊り行脚だ！　これから仏国最古の洗礼の場サン・ジャン洗礼堂でオドる、勇気よ、奮い立て。

2019/11/8

洗礼堂で心の風景を呼び戻す

二週間が過ぎようとしても、日本・福島での体験にカラダは微震動を止めてはいなかった。僕はあの震動のままにフランス・パリ西部・ポワティエ市のホテルでえんぴつを握り語り留めておきたいことごとを書いた。幾らか心はホッとし、今更ながらこのエッセイを連載させてくれている山梨日日新聞の存在とその許容力に、僕の人生は微笑みと共に歩む。感謝だ。

前稿執筆前からオドリ始めていた場踊りも昨日で十三回、毎回違う場所で即興し、人々の立ち会いのもと未知の体験をどっさりずっしりとカラダは感覚し幾度となく感情が踊った。大量の経験の殆どはとても純粋な感覚で、まさに場踊りとはその時と場がすべてだ、と改めて了解する。言葉にすると何やら大事なものが頭の中で合理的に整理されて、して、カラダを寂しくしてしまいそうで、いつも怖い。匂いや音、色などは感覚が感覚を呼び戻し諸々の風景まで連れてくる、でも、それらは偶然がもたらしてくれるケースが殆どだと思う。しかし、昔から僕達の生活・暮らしの中には、感覚や感情、心の風景を呼び戻す仕掛けが色々あると常々思ってきた。例えば盆の迎え火、先祖・故人の魂が家に帰ってきて一緒にオドり、彼方と此方《こなた》が一緒になる習わしや、仏壇の位牌などもそうだ、おみくじにだって心躍らせる仕掛けがある。約束を破らないようにと友達に結んでもらった指の紐。僕達のカラダは感覚と心を再生させるチャンスに取り囲まれている、と思っても余りあるほど先人達は、一個のカラダの中に積み重なる微小に輝く感覚や心の物事を、僕達が世の中と思っている環境の循環に仕込んできたのだ、現代という進歩正義の世の中では人間同士がこの得も言われぬ感覚と心の「襞《ひだ》や綾」を無視し気付かぬふりをする社会へと変質してしまうのだろうか。

ポワティエ市の中心部の窪地にフランス最古の洗礼堂がある。堂内中央に洗礼所、全身を水で清め信者となる聖なる場所だ。そこに湧水があった様子が目に浮かぶ。堂内壁面の宗教画やステンドグラスの窓からの光がかもし出す光景は、若い頃から馴染んできたヨーロッパの宗教画そのものだ。

だが、洗礼所としての機能を失ったまま近代になり、さらに現代、修復をして洗礼堂という名の博物館として人の眼にふれるようになる為に名も知らぬ先人が仕込んだ風景が、そこにはあった、僕は驚いた。洗礼所を中心に石の棺が壁に立つようにしてあり、あるいは子供だろうか小さな棺を囲むようにした数個の棺。「誕生」の現場に「死」の表象としての石棺、石棺の内部は空。市内で発掘出土した七～八世紀頃の石棺だという、もちろん蓋をしたものもはずされたものも、生の証しでもある洗礼所を囲むようにして死の器である石棺の群。

館入り口の階段を下りると正面の天井にかけて大きくマリアが描かれ、その左円柱には息子キリストの触媒としての死の像。確かな演出だ。一方で僕は空っぽの棺が放つ得も言われぬ、何とも言えない空気の様を魂だと思った。この魂は市内のあちらこちらで、野原にも木々にも、道端にすら、ひそんでいるように思えた。この洗礼堂で二時間の非公開の場踊りを魂ふるわせオドったことを書き加えておきたい。

2019/11/22

僕は運の良い男だ。熱くなった

魂の場を攪乱《かくらん》、踏み散らしたくないという意向からなのか、洗礼堂は常時入場者の数を制限している。それは十九名だったが、確かに堂に踏み入り天井や周囲の壁画、そして中央の洗礼所とそれを囲むようにして在る石の棺、何とも静かで時間の群が無言の囁きを交わしている。ステンドグラスや所々の木材をのぞけば全て石造り、痛むわけもないのに踏み出す足は自然と慎みをもって振る舞う。人の数に限度のあるわけが、気持ち良いくらいに空っぽになった僕の頭の中に飛来する、カラダにも何かが侵入してくるのだ、空気の密度。斯様《かよう》なわけでポワティエの洗礼堂での場踊りは非公開ということになった。

渡仏前におこなった福島県浪江町での場踊りは告知を一切しない非公開のものだった。だが僕には人には見せないとはいえ、万余《まんよ》の観客に匹敵するオドリ立会人が二〇一七年から二年半余り同行してくれていた。映画監督犬童一心さんとそのチームだ。プロデューサーを含めた撮影チーム（犬童組）はこの二年半全てではないけれど多くの場踊りの現場を撮影、すでに膨大な資料、素材を抱えて、いつ終わるのか？　映画そのものがオドリであるような映画を目指して幾多の場踊りを共に体験してきたのだった。

フランスも例外ではない、三日遅れで犬童組はポワティエ市で合流、撮影初日が先に述べた洗礼堂だった。犬童組と僕のスタッフ合わせて十名、カメラ三台。この日の洗礼堂は場踊りとその撮影の為に丸一日僕達に明け渡され、木造の大戸《おおど》は一日閉ざされたまま、フランス最古の洗礼堂とその内部の歴史遺産の数々は、僕達の眼前で諸手を挙げ拡げて場を解き放つ。歴史や伝統という権威はしばしば僕達を制約し不自由を強いるものと思わされてきた僕

パリ、モンパルナスの墓地にあるロジェ・カイヨワ氏の墓を訪ねた著者

には、ついぞ体験したことのない解放だった。このところ日本で連続して報道される権威の無様さは、正に権威の懐の自己中心化を晒す幼稚さだ。華やかさには腐臭がつきものだ。

魂とは人格のことだ、と言い切った人がいるが、僕は度胸足らずの男の子だから何一つ言い切ることは叶わない、が、魂とは対象との呼応関係のうちに生まれる何か見えないものと言える気がする、オドリみたいだ、だから僕は魂が好きなんだ。権威の懐には魂が不在なのだな、魂には裏表ないからね。というわけで洗礼堂での場踊りは、魂の踊り場の中、時間が消失する程に、その場に熱中する二時間を僕のカラダは拝領したのでした。

犬童組の帰国前日パリに移動、モンパルナスの墓地に眠る永遠の先輩ロジェ・カイヨワさんの墓を訪ねる。念願であった。僕はラッキーだ。犬童組の撮影プランに組み込まれていたおかげで、スタッフが先乗りして所在を確認してあった。案内された墓は、石、本当に石だ、垂直に立った石からアンモナイトの化石がこちらを眺めている、横になった石は一応四角いが自然のまま、ただ様々な化石が石を体裁している。探してはみた、が数字も文字も一切刻まれてはいなかった。知る人のみ知る、ロジェ・カイヨワの墓。万歳先輩、石は語る、僕は運の良い男だ。熱くなった。

2019/12/6

世界を知る為にオドリはある

つい先程まで威勢よく降っていた雨がやんで杉の巨木から滴り落ちる雫の音が眼にも耳にも心地好く連続する。巨木の並木に誘われてある参道の坂道は二キロ程先にある神社の奥社に向かい傾斜を激しく変えながら厳しく続く。膝を大きく持ち上げなければ踏み上がれない。同じ足はこびの通用しない石の不連続非定形の階段だ。古《いにしえ》には修験の人々が集うていた山、霊地の参道、因《ちな》みに社の御神体は拝殿奥の岩穴の暗闇でかすかに聞こえる水滴の石に当たっているであろう音そのものだ。すべての思考を包摂する麗しき神だ、と僕は晴れ晴れしく思ったものだ。

長野県飯山市小菅《こすげ》、この地に十五年以上前から幾度か足をはこび場踊りを記憶した。すべては縁ではあるが長野県屈指の豪雪地帯である小菅の人達との交流で僕は人の体熱を自然に感知抱擁する心を学んだように思うのだ。

……参道に立ちそのままカラダの内側を頭から下に向かって順に日常のざわつきをすべて

足下に押し流してゆく。薄い草履の下の大きな石、雨で濡れた石に感覚が届く。周囲の風景と空気そしてその刻々のなりわいが感覚となって僕のカラダに訪れる、わずかで小さな音がはっきりとあちらこちらにうごめいている。もうオドリだ、と思えるのだ。口伝えで見に来てくれた人々も同じ静寂に包まれて言葉以前の人の気配でそこに居る。僕はと言えば、人間という一個の生き物に脱皮した状態でそこに居る、と言えるのではないか、何も準備しないでオドリが動き始めるのを待つ、いや待ってはいない、時間がないのだから。人達の視線がカラダの近くにやってきて僕を多様にする。僕は自分のカラダを様々な位置から、ときには俯瞰できる所から眺めている、可能もへったくれもない、僕は鏡を必要としないオドリ手だ。感覚は言葉から体感に変容し、カラダの外の風景は景色へと深化する。

すべての感覚は個体間では多様で比べられない。似ているが同一ではない、嬉しいことだ。が感覚は何れ言葉に集約されその多様さは減少する。風景写真を景色写真とは言えない所為《せい》だ。言葉も写真も最大公約数を目指しているからだ。参道でのオドリに話を戻そう。僕が場踊りに執着する理由の中心にオドリ・オドることの訳を自分で特定する。このことで僕は人類の一員であることを誇らしく自覚できるからだ。言葉の発明以前の人類が幾十万年もの間、声と音を出すことそしてカラダを動かすことでコミュニケーションをはかっていたことは言わずもがなのだが、同時に他の生物とは比較にならない速さの脳の進化が多様で複

場踊りで訪れた長野県飯山市小菅神社の参道

雑でそして感覚的な人同士の関係の方法の進化を促した、と僕は思う、そこで現れたのが遊びとオドリだ。同じ頃、喜怒哀楽の感情も発達する、感情の細密化はオドリをより感覚の拠り所とし多様なものになり同時に真似し合うことで言葉に匹敵する振りが生まれたのでは、と思うのだが、単なるオドリ狂の戯言《ざれごと》かも知らんが、知りたいよぅ〜。ともかくオドリは僕にとって世界を知る為の母体なのだ。飯山・小菅の場踊りは僕をオドリにさらにやさしく引きずり込んだ。あ〜嬉しや。

2020/10/30

名付けようのないオドリ

美術家・名《な》和《わ》晃《こう》平《へい》さんの映像空間のただ中で場踊りを体感した。一昨日と今夜の二度、決して忘れない時を僕はすごした。

四十年以上前、パリの秋芸術祭で連日オドリ暮らしていたその折に尊敬すべき哲学者ロジェ・カイヨワさんのご自宅までお邪魔してオドリを見ていただいた。体力も視力も弱まっていたカイヨワさん、だから僕が押し掛けたのだが。オドリを見て感じてそこに居る、全身から発せられるエネルギーは怖いほどすさまじかった。オドリから戻った僕に「名付けようのないオドリ」を続けてほしい、と彼は、僕のカラダに不可視の振付をしたのだった。パリからフランクフルト・ニューヨーク・サンフランシスコへと初めての外国でのオドリを体験して日本に戻り、間もなくカイヨワさんの訃報を知る、因縁な自然。一九七八年のことだ。僕の近くにはカラダの作業を共にしたいという若者が集まっていた。ワークショップという方法を言いだしたのもこの頃だったが僕が口癖のようにして皆に言っていた「カラダに成る！」は実のところ僕自身への檄《げき》であり襲撃であった。

無数の無名の人間のオドリの始まりに向かって遡行《そこう》することが僕のオドリへの夢となった。言葉のあとさきを埋めつくすカラダの時間の内にこそオドるカラダの跡が見えてくる。カラダの内に生まれてきた「私」だからこその構造だ。……都会のスタジオでの抽象的で画一的なオドリ稽古を捨てて山梨県白州町で農業を始めた三十数年前、空が大地に触れる所に僕の足も立つ、足裏から始まる垂直にカラダも心も躍《おど》る。オドるカラダに成る為の第一歩だった。名付けようのないオドリのヒトへの遡行の旅の始まりだった。以来、僕は大地に居て幾度となく脱皮し続けて名付けようのない物事のオドリをやめないで生きている。

一九八八年から始まった白州フェスティバルはアートキャンプと銘打つにふさわしく田舎

の農村地帯での様々な表現行為による創造に出合い立ち会い共振する場が出現したのだった。数知れない表現者と参加者そして幾百人ものボランティアが豊かな場を地域の随所に造り上げたものだった。無数の記憶がカラダに刷り込まれて未だ生き続けているに違いないのだ。

……名和晃平さんも京都の芸術大で学生だった頃から白州に出かけてくる若者の一人、僕の記憶に残る若者であった。二十一年続いたフェスティバルの最終年にはメイン広場である栗林の一角で作品を創作発表するという名和さんを見届けることになる。見えないはずの生命の粒が細胞が皮膜を通過して体表に留まっているかのような生き物達、はては機械の表面にまでも生命が無数に留まり何事かを語る言葉の前《さき》だ。鹿の全身に留まる無数の粒は光を闇を受容して生命の歓喜を苦痛を発しているのだろうか。一時期の名和さんの発表する作品は僕には提案のように思われた、オドリも粒子・分子のようにしてこの世に停留している者達なのではないのだろうか、カラダの内にも世界にも物の中にも見えない物として存在しているのではないだろうか。名和さんの表現世界は名付けようのない物事で満ちている、そして名付けようのないオドリの居場所かも知れない。

2021/12/24

名和晃平氏の個展「TORNSCAPE」にて、
2021年12月に行った場踊り（主催：SCAI THE BATHHOUSE）

感覚をひらき解放してゆく映画に

映画『名付けようのない踊り』の公開（二〇二二年一月二十八日）に向けて多数のマスコミ媒体からのインタビューを受けた。信じられない数の新聞・雑誌・ラジオ・テレビ等の申し出を受けてのことだ。偶然の試みから始まった犬童一心監督の創ってくれた田中泯の踊り人生の三年間を記録した映画。といっても僕の生きている時間の数パーセントしか撮影はされていない、さらに撮影された映像の数パーセントが繋げられて二時間の映画になる、気の遠くなるような編集作業、オドリの映画、映画がオドる、そんな気持ちで監督は一年かけて膨大な映像の無数の瞬間を、これは僕の勝手なイメージだが、屋根に登った少年が星のカケラを棒で落とし掻き混ぜるようにして見たことのない光景を空に想い描く、そんな遊びのような熱中の時をすごしたのではと思う。映画には、僕の少年期のトピックスが山村浩二《やまむらこうじ》さんによってアニメーションとなって再生されている。宝石のような静かな感情がその絵と一緒に流れている、少年の僕が好きだ。

映画では時々僕の声が聞こえてくる。ときに僕のオドリへの思いが聞こえてくる。この映画には劇映画のような物語はない、がドキュメンタリーとは呼んでいるものの全ての物事が今をまとっているような、ライブな感覚に満ちた、つまりオドリを見ている時間のように、つまり詩を読んでいるような、つまり僕達の感覚をひらき解放してゆくような、そんな映画、オドリの映画がリーダー犬童一心によって出来上がった。

各界の反応は試写の段階からすごかった。オドリの話にこれほどの反応がくるとは、狐につままれたような気分だ。映画製作スタッフの誠意に、その気力の集合に惜しむことなく返礼したい気分だ。

秋中頃から始まった取材のラッシュにオドリを生きようとする僕の脳ミソは歓喜し沸騰した。僕の思考は主題が何であれオドリの方へと滑り移ってゆく、「名付けようのない踊り」なのだ。誰からも定位されない名付けようのないコトそのモノなのだ、嬉しかった。過去に例のない程に喋った喋った、朝から晩まで休憩を入れながら十五もの媒体からのインタビュアーに答える日が三日も続いた、ラジオでのトークも愉快に進んだ。僕の言葉はいつも相手次第、質問がつまらなければ答えもつまらない。過去には何度か取材途中でキャンセルしたこともある、だが今回は違った。喋った喋った。オドリがこの世この地球上に存在していること、今あるオドリと初めのオドリ、オドリとカラダ、生命体と時間そしてオドリ。質問の内容が同じでも問う人が違えば答え方は変わり違う方へ滑ってゆく、教科書のようにはいかない。

言葉はオドる。初めて口から出た言葉もあった。喋る言葉でオドリを追いかける。幾十人と話したのだろう、全ての会話は解き放たれてカラダの内にある。問いも答えもすでに無名だ。年が明けてもオドリ言葉が地震のようにふるえて笑っている日々が続いた。少しカラダが明るく成り始めて今日久方ぶりにえんぴつを握り文字を紙に、いやはや無様で武骨な原稿、お許しあれ！　昨日、生命体の体内時計の研究を進める科学者達と、その先端研究成果を知った。ありがたし、だ。生きていてラッキー！

2022/1/14

モスクワ、抵抗する者達の記憶

チェルノブイリ原子力発電所の悲惨な事故のあった年の秋、僕はモスクワでオドった。一九八六年のことだ。非公式つまりアンダーグラウンドでのパフォーマンス、一九八四年のプ

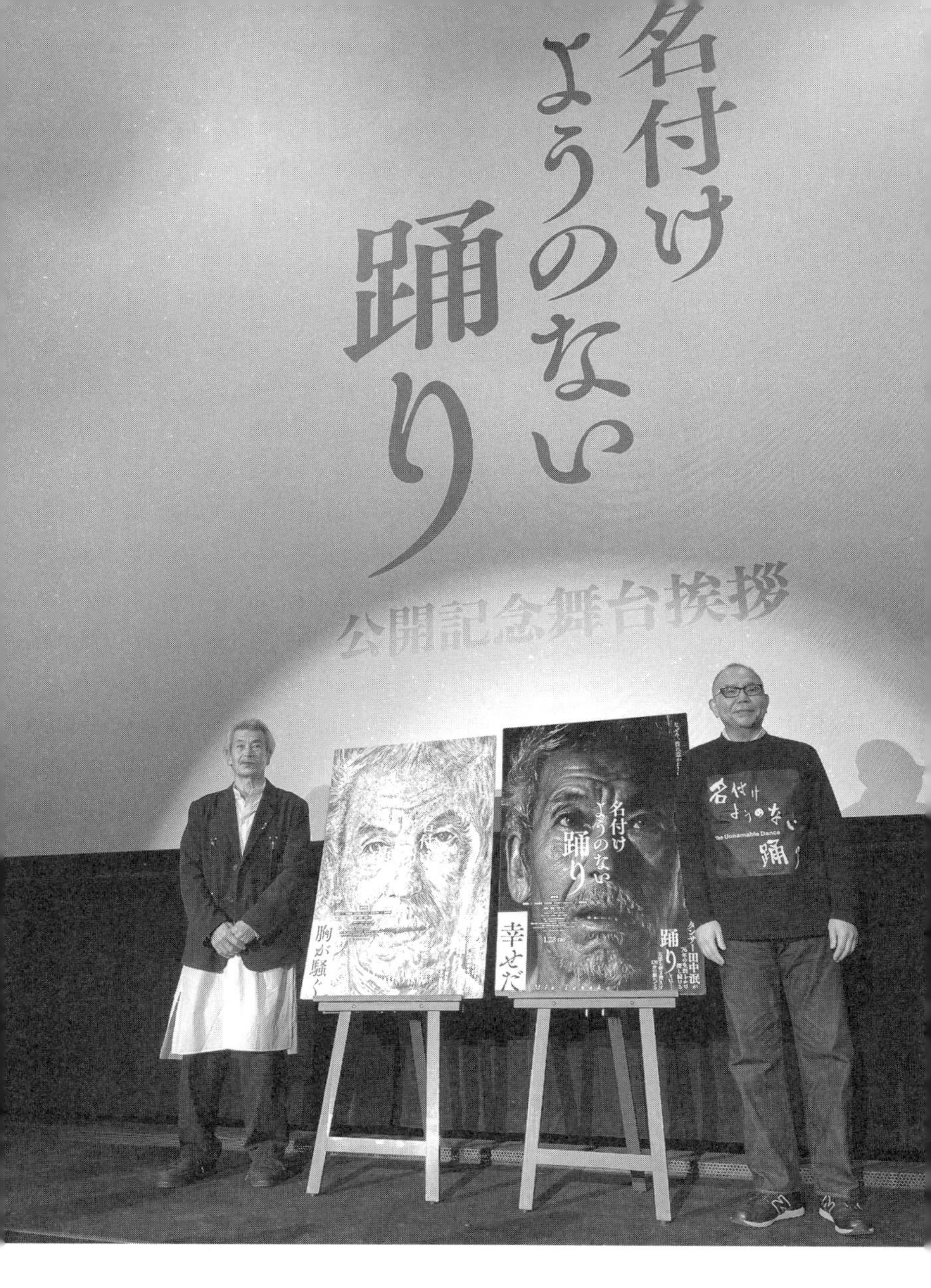

2022年公開の映画『名付けようのない踊り』の舞台挨拶。「田中泯という人の圧倒な居方に興味をもったことから始まった作品」と語る犬童一心監督（右）と著者

ラハ潜入のオドリが社会主義国の間での地下のネットワークでモスクワにも伝わったのだろう、プラハ経由で招待したい旨の連絡を受けた。たしかハンガリーのブダペストの後にモスクワに向かったと記憶しているが、観光旅行の体《てい》で旅はしているものの僕がオドる機会を企画準備する国の人達は皆、時の制度に抗い秘密の内に抵抗の心を醸成し続ける生き生きとした市民達なのだ。招く側も招かれる僕も危険を承知の約束。今、このようにして当時のことを思い起こしながら地下から湧き起こるような記憶が大勢の異国の友人の顔を再生する。名前を伴わない顔達が皆、緊張した思い出とともに僕のカラダの中には住んでいるのだ。カラダは僕だけの物ではなく不特定の友達の棲家でもあるのだ。

当時の東欧の国々の空港は猜疑心で自分を守らないと何処へ連れていかれるか分からないような雰囲気に満ちていた、椅子に腰を下ろしてもカラダは休めない、そんなイジメから身を守るような気分になったのだ。空港の思い出は今回は飛ばそう、到着ロビーで待っていた男の案内で用意された小型のバスでモスクワに向かう。街中に入るのかと思っていたら郊外の森の中の一軒家に連れていかれた。僕の招かれたさきの小さな劇団が用意してくれた安心して寛げるロシアの木造の民家だった。

夜も遅く、人生初めて身近に接するロシアの老婦人のもてなしに感動した。何も無いけどと出してくれたパンとバターそしてキュウリのピクルス、さらにグルジア（現ジョージア）

の紅茶、どれもこれも飛び切りうまかった。翌日モスクワ市内の劇場へ向かう道すがら、商店の前に列を作る人々ことに食料品店での行列はすごく、事前に聞いていた品不足、物不足の現実は聞きしに勝るものだった。試しにデパートに入って何か買ってみようと思い列に並んで待つことしばし、店員の後ろにある棚にパラパラと陳列された物品を指差して見せてもらう、気に入った訳では正直なかったが買ってしまった。モスクワにまだマクドナルドは無かった。

物や事の不足は文化活動にまで及んでいることは僕の目的地であった小劇場に一歩踏み込んですぐ感知できた。劇団員の期待は痛い程に伝わってきた。舞台の工夫の為に調達した材木は粗末な物ではあったが何とかなる、さて釘はないか、若い劇団員が恥ずかしそうに手にして見せてくれた曲がった釘、使い回しだ。物のある所ではクズ鉄、だがここでは釘。西欧からの制裁に苦しむ旧ソ連の首都モスクワの新進気鋭の劇団も喘《あえ》ぎ抗っていた。

チェルネンコの支配する国からゴルバチョフに変わった時代のソビエト連邦で僕はオドった。張り出しの舞台にポンコツの立派そうな椅子、黒スーツにオーバーを着た老人の僕は椅子から離れることなく苦しみの矛盾のオドリをオドった。オドリの後、登場した劇団の演出家は、チェルノブイリ原発事故の悲惨を語り、権力への怒りをぶちまけていた。ウクライナはまだ独立かなわず、ソ連の統治下にあった。戦争反対！　人間をさがそう！

2022/6/3

第四章

因縁

常識破りという伝統を身につけた京都人

京都烏丸通を北へ上り三条通を西に折れ、烏丸通と平行に走る室町通を南に下るとすぐに帯屋誉田屋源兵衛《こんだやげんべえ》がある。江戸の時代から続く老舗の店、家屋、蔵などなど、そして飛び石で建造物の内と外を繋ぐ体《てい》で手入れされた庭が昔からの生気《せいき》を保つ。京都西陣の大店の一つ、誉田屋の現在の当主十代目山口源兵衛、正《まさ》しく常識破りという伝統を身につけた京都人である。保存に傾く伝統に本来は続かない、感覚と果てのない技を磨くカラダにこそ伝統は息づく、物を作るということはカラダごと感覚の宇宙に漬かることだ、と、僕は源兵衛と会う度に思い知らされる。

そうなのだ、源兵衛と僕は二十年来の友なのだ。『たそがれ清兵衛』の映画出演の頃だったと思う。南方熊楠《みなかたくまぐす》をほうふつとさせる体軀の坊主頭和服姿の男が夫人と共に村にやってきた、僕は何も知らない、が話すうちにその男の好奇心の世界に僕のカラダと未来が反応しているることに気付く、古代からの人間の仕事としての感覚を磨きカラダと生きること、そして安直に感情に移動しない喜怒哀楽を認識すること、二十年経た現在だからこんな風に書けるのだが、錯覚でも幻でもなくあの時、僕らは山の中で古代からやってきた子供のようにして語らい夢中したのだった。客人が帰途につく前、夫人の口から「良い友達に逢えましたね」と言葉を置いてくれた、もちろん僕らは幼馴染みになったのだった。

昨日、京都での公演を終えて一週間ぶりに村に戻った。京都滞在中は誉田屋源兵衛に逗留した。『たそがれ清兵衛』に出演したことは後の人生をオドリを大きく変えてゆくことになるのだが源兵衛の出現は僕のオドリ探求に深い影響をもたらすことになる。『たそがれ清兵衛』の演技が日本アカデミー賞最優秀助演男優賞を受賞した、しばらくして誉田屋から着物と帯そして雪駄《せった》が届く、着て踊ってほしい、ボロボロになって布の切れ端になるまでも、ということだった。貴族も武士も農民も商人も町民も、皆、布キレをまとい帯で止める縄文からの素朴な伝統を「着物」と称んでいることも嬉しいのだが、糸を作り縦糸と横糸とで一枚の布を織り、おおよそカラダ一人分を一反と称ぶ、さらに糸を染めたり布を染めたりして趣き気配が加わってくる、面白嬉しい。因みに僕に送られた最初の着物は和紙を撚《よ》って糸にして織られた紙布《しふ》、それを柿渋と鉄で染めたものだった。

オドリするカラダと着物、洋服よりもはるかに動く、布は形を超えてカラダの細胞のように生きようとしている。ときには着物が皮膚になりカラダが居なくなることすらある。裸体を衣裳だと称んでいた僕が二十年後に得た古代からの衣裳が誉田屋源兵衛から送られてくる着物というメッセージだ。

古代より人間は自然をまとい身に着けて生きてきた。裸体は人間が一個の生命体に戻る場であり同時に誕生にさらに死に、近づく方法でもある。幾十着も送られてきた源兵衛の着物達は僕には地球の物語を沈黙のうちに演じ続けている人間と天然の舞台のようにも思えるのだ。

2021/10/8

奄美、源兵衛の夢の現場

奄美大島にオドりに行ってきた。もう随分と昔から行かねばと思っていた島だ。

一九四五年第二次世界大戦での敗戦後、沖縄と同じくアメリカの領土として奄美群島の人々は占領下の暮らしを強いられ以後八年間日本への復帰を願う人々の運動は続き一九五三年十二月二十五日クリスマスの日に日本復帰を果たす。クリスマスプレゼントと言われてる

ファッションショー「ユナイテッドアローズ×誉田屋源兵衛
"Genbei Yamaguchi" Japan Fashion Week in TOKYO 2008
傾奇《かぶく》者達《ものたち》之《の》系譜《けいふ》」（東京ミッドタウン、2008年3月）に出演した著者

が何とも乱暴な偶然を装った作意。ともかく断食と請願の日々が波のように続いたからだろうか、無血の民族運動は成功したのだった。復帰が叶った理由は何だったのか、遠い昔、琉球王国の一員だった奄美は四世紀昔から薩摩藩に統治され現在は鹿児島県の数ある島々の一つとして存在している。明治の初め一八七九年琉球は日本国沖縄県として新たに出発するが敗戦後アメリカの領土に、奄美に遅れること十九年の一九七二年に沖縄の本土復帰つまり返還が成される。

奄美・沖縄に限らず世界中で領土のやり取りが現在も進んでいる。風土とは無関係の力による世界のグローバル化は人類の必要悪なのだろうか、この話は結局支配の初源に戻ってみるしかないのだ、悲しすぎる。地域の殊に島々の風土は近くても異なる。つまり人類以前の地球の歴史を背負って風土は成り立っているのだ。それぞれの島は大海の流れと風によってその自然が形成されている、土は島の歴史。風土は人間で言えば個性、違いがあって当然。風土の違いは人間の違いも生み出す。地域に於ける言語の違いも含めて、差異を尊重できなければ人間の平等は永久に実現しない、世界中に厳としてある差別は、制度の創り出したものに加えて風土の差異から生じたものも多いのだ。

親友、京都の誉田屋源兵衛は奄美の泥染めに魅せられた、そして大島紬つまり奄美の風土に。源兵衛によれば世界中から機織り職人が居なくなる日が近い、と言う。人の手と眼（カラダ）が作り出す織物の神秘に僕みたいな素人ですら幾度驚嘆したことだろう。そう言えばテレビ・ドラマで衛星からのカメラのレンズ磨きの役をいただいたことがある。モデルである当のスーパー職人さんは「最後の最後は私の手の感触です」と話してくれた、コンピューターで磨いていたレンズの仕上げを人の指が、何とも嬉しかったことを憶えている。

風土に異質な物が入ってくるのは必然だ、むしろ必要とも言える。が、風土が鍛えてくれた感覚は、まだ失くなっても忘れてもいない。僕達の暮らしの原点は風土だ、衣食住が然りと言いたい気持ちが僕のカラダに充満している。

奄美の祭りの見学をチャンスにして源兵衛の夢の現場を訪れた。丁度スペインから来ている写真家イザベル・ムニョスさんとのコラボレーションも奄美でということになった。生まれて初めて海水中でオドった、何度も何度も。源兵衛の夢の一部である織物工房も訪れた。昔のままの手織り機が元公民館のホールいっぱいに並んでいる。全国から集まった機織り職人のタマゴ達、すでに孵化《ふか》した若者もいるらしい。糸作り、染め、型作りなど、織物にまつわる職人の郷を作ろうとしている。僕は源兵衛を心底から誇りに思ったのだ。

2017/10/6

性格・業・運命、クソ！

マルセ太郎という友達がいた。今ならばお笑い芸人という称び方に押し込められてしまいそうだが、ボードビル（フランス語）と称ぶのがふさわしい芸人で、ときに映画の名場面を一人で再現し多くの人の感動を誘った。一九八八年に始まった白州フェスティバルの常連でもあった。毎年夏になると白州にやってくる人の一人、ギャラがわりの野菜をたくさんもって「また来年！」と、ごっつい顔で笑ってみせる素敵な友人だった。早死にしてしまったのが現在でも悔しいのだが、マルセの想い出を話そうとしてえんぴつを動かしているのでは今はない。数々のエピソードを支えているマルセ太郎という男の、言い訳をしない弁解のない性格のことを書きたかったのだ。「でも」「だって」「しかし」……など僕達はやってしまったこと、やりそうなこと、おきてしまったこと、しないことに、とにかく理由を付けて話の転換を試みる。

二十年余のマルセ太郎との付き合いで、僕は彼から言い訳を聞いたことが無かった。彼のと思う。

決意だったのか、性格なのか、いずれにしても小気味の好い成り行きが彼との会話には常に記憶された。きっと言い訳の分を自分で引き受ける、言葉を飲み込むことが、彼の行動の仕方だったのだと思う。公然と、ガンを患ったこと、そして闘うことを宣言し最期まで僕達に泣き笑いのかけがえの無さを教えてくれたのも、弁解しない彼の人生だからこそだったのだと思う。

「君の人生って、君の性格が決めてきたんじゃないの?」、この頃、若者に、たまに言ってしまう言葉だ。人生の節目で性格に逆らって道を決める人はまれで、多くの人は性格のままに時と方向を決める。そして言い訳だ。あるいは言葉はきれいだが諦観、「だって仕様がないでしょ!」。やっぱり運命か!

人間同士はお互いに相手の性格をうすうすかときには詳しく知りながらもそのことに触れることはまずない。夫婦に於いても、親子といえども。どうしてなのだろう。強情っぱりも、投げやりも、しつこいのも倦《あ》きっぽいのも、いいかげんなのも、わすれっぽいのも、慎重なのもオッチョコチョイも、みんな性格。これって総て運命? 思えば世界は常に性格で動いている、と言えなくもない。性格を野放しにしたら組織は機能しない、と言われるが、その裏で性格の天国が実在するではないか。「業《ごう》」という言葉にまたぶつかる。過剰な性格は業に寄り添う。ふっと思う、主義主張、好き嫌い、思想、宗教、みんな性格に導かれているとしたら、落語の、いわゆる業の肯定とは、人情という癒やしを表にかかげ、その裏に「人間どうする！」という刃を潜めた怖い芸能ではなかったのか、クソ。田中泯の性格は？只今検索中！

2016/6/3

熊楠との縁、憧れの宇宙線

学校で習った覚えはなかったが、比較的若い頃から紀州和歌山の巨人南方熊楠の名は、その奇行や天才ぶりを知らしめるプロフィール、フランスでのランボーやアンドレ・マルローの風貌に共通するどこか世界をにらみつけるかのような古色写真の立ち姿に、僕の病にも似た憧れ癖がうごめき始めていた、二十歳を過ぎた頃だったか。留まることのない地球大自然のただ中に子供のようにして我を忘れて踏み込み突入してゆく大人が僕の憧れ人だった。

億光年の大宇宙の中の一粒の星、地球という名の星に一個の生命として産まれた人間一人、絶望的歓喜をどう処理したらよいのか、僕は、といえば小さな頃から自然の、そのとどまることのない生命の無限の躍動に心地好い遅れを感じながら育った小動物のような自分が、些かでも模倣し近づきたいと憧れた大人達、夜空の星の如くキラめく大人達が茫然自失のボーッと少年のカラダの内から離散することなく眼光鋭く高見人の如くして有る！　魂は宇宙を遊び僕のトコロまで押し掛けてくる、人間だからこそのイマジネーション。

一九八五年頃のことだ、紀州和歌山田辺の高山寺という お寺の息子が僕のオドリ塾にしばしば顔を出していた。あるときその男が言うには「高山寺の墓所には南方熊楠の墓がある」と、墓の前でオドリたい！　と思ってしまった。縁があったのだ、「不可能」にも縁は訪れる、夢中で僕の内部の出直しを図る、南方熊楠計画なるものを男の同窓生達と立ち上げ半年後には実行。

桜匂い漂う田辺高山寺墓所を巡りうろつき熊楠の墓前へ、海の見渡せる墓所のあちこちに人の影、影だ。僕の心は時を駆け降り駆け登る、カラダから形は消えて僕は輪郭を失くしてゆく、そうだ空も大地も空気に息に南方の息に満ち満ちている。冠《かぶ》っていたハットを振り回していた。とうとう熊楠の墓石を、二度三度とハットで叩いていた。「もういい、分かった」と空が言った、と、確かに思った、自分勝手はときにその場にこそ存在する。静かな歓喜だった。絶望の化粧直しか。曾我部《そがべ》君（男の名字）が、熊楠の娘さんであるところの南方文枝さんがずっと見ていた、と告げてくれた。

「父は、喜んでました」翌日招かれて南方邸にお邪魔した僕に笑顔の文枝さんが語る熊楠のありし日の様・物腰がどこまでも嬉しく庭の粘菌を発見した柿の木や小さな池の主亡き亀さん、斜面になるよう脚を切り揃えた机、ご馳走にまでなった塩をふりかけたイチゴ、提灯を下げて夜中、何度も何度も書斎から書庫の間を往き来する熊楠の姿。そこに熊楠の姿が浮き上がって見える程に温かく父親の話をしてくれる南方文枝さん、僕は幸福者だった。殊更に書庫のすさまじさはその映像とともに僕の宝物のような記憶、場所そのものが刃物となってこちらに向かってくる。一瞬の幸福と入れ子となって現れる不足感と失望感。言い訳でなく未完！　と叫びたい。不足で充実して、などと言えば立派な言い訳、間に合わないけど夢中で駆け抜けるしかないか青春！

語り部・中上健次《なかがみけんじ》との出会いは、この翌年、同じく田辺の白浜の海辺でオドったとき。飲み、語り、相撲とり、多勢の若者と夜通しの宴が、熊楠の縁、憧れの宇宙線と相交わり、事と成ったのでした。

2021/3/19

誰もが因縁の主だ、どうすべ

たまたまの、偶然の出会いを運と感じて縁が生じる。運から縁へ、縁から運へ。出会いの訳が縁を深めたり薄めたりもする。そこに運が生じたりもする。ヤヤコシイが面白い。出会いの訳と書いたが、これはとても人間臭く単純でつらい。かの南方熊楠先生は因縁と称んで縁を人間同士の事柄に留めようとはしなかった。この軽くて重い発想を、僕は半世紀以上もずっと好きでいる。物質の過去未来、物事との距離感、生物全般への異常な好奇心、そして架空・仮想・空想への執着。僕には及びもつかないが熊楠先生の破天荒で実直な本能にまで接近した日常は僕には責任のとれない憧れだった。

熊楠宇宙に深入りを促したのは高山寺住職の息子、曾我部君である。前述の通り高山寺の墓所には南方熊楠の墓がある、と得意気に語る彼に誘われ田辺市に熊楠の気配を辿りに度々訪れることとなる。寺でオドり、山でオドり、群生する羊歯《しだ》の中でオドり、神島《かしま》で時をすごし海でオドる。熊楠の娘・文枝さんに招かれて一日、南方邸を訪れすごした興奮のカラダは今の僕の内奥で因縁の火の虫だ。

田辺の海の岩場を使った往時の仲間とのパフォーマンスを中上健次が観に来てくれた。田辺市の南、新宮《しんぐう》が故郷の中上にとって田辺南方は親しみがあったのだろう、初対面の二人ではあったが以降中上とは東京で、パリで、そして山梨白州で、オドリの客として論客として友として幾度も出会った。度重なる一期一会、早世の中上健次、未だに残念が振《ぶ》り返す！田辺でのオドリの後の宴、高山寺の大広間での飲み会、よく飲んだ！若衆達の腕相撲を尻目に僕らは話に熱中、異なる縁での知り合いに気付いた、長野県黒姫山に住む詩人の谷川雁《たにがわがん》に電話しよう喜ばせようとなり早速それに及び、モノの見事に一喝される。「酔っ払ってワシに電話するとは何様だ」だった。失敗もいいところだ、これも因縁。

谷川雁とは土方巽の振付による公演・恋愛舞踏派「定礎」の打ち上げの席で初めてお目にかかった。背の高いハット姿の洒落た紳士は目立った。これがあの『工作者宣言』の谷川雁かぁと半ば怖気付いたのも昔、以来彼の死まで、交信は続いた。宮澤賢治《みやざわけんじ》の文学を主題にした少年少女の集い「十代の会」に何度もワークショップを提案しに出かけた。白州フェスティバルで中上健次と対談もしてくれた。舞踏批判もしきりだった。が僕が俳優を試みることは知らずに世を去った。水俣の生まれだった。

二〇一四年、NHKから朝の連続テレビ小説出演の依頼があった、が内容も聞かずに断った、訳もなく出ることが嫌だったからだ。二度目の依頼の電話で役どころの説明を受ける。能登の揚げ浜式塩田の塩作り職人の役だ、と言う。谷川雁から熱心に「いつか見に行くべきだ！」と勧められそのすごさをこと細かに聞いていた当の塩作り職人の役が飛びこんできたのだ。撮影に入る前に塩作りを学ぶことを条件にして出演を快諾した、因縁だ。この話にはもう一本の縁がある、酒が連れてきた縁だ。能登の杜氏《とうじ》波瀬《はせ》正吉《しょうきち》、能登杜氏四天王の筆頭と称された男、縁が深まり友となり二十年、彼が亡くなって五年、墓参りにも行けずにいた。因縁だ。僕の因縁のほんの数本を披露した。世界中の誰もが因縁を引き摺《ず》っている。無数のドラマがコンガラガッテさあ、どうする。

2022/9/23

骨が土に還る日まで

眼下に海、日本海だ。畑が連なる地帯の一角に位置するその墓所の一つに目指す波瀬正吉さんの墓がある。二〇二一年秋、能登半島の奥、能登町白丸にある海辺の波瀬さん宅を空港から一日観光のタクシーに乗って訪れ、波瀬正吉の表札下の玄関のガラス戸に向けて「ゴメンクダサイ！」と元気に僕の声が出る、嬉しいのだ。内から「ハイー」とやはり元気に波瀬さんのおかみさん、空港から電話しておいたので待っていてくれたのだろう、中に入ると小さくしゃがんで挨拶してくれる、その姿も声も、初対面なのになつかしい。何度も聞いたことのある波瀬正吉さんの方言まじりの語り口そのままのようなおかみさんの可愛くて飾らない話しように、僕の全身は安心と喜びで溶けたようだった。

おかみさんの名は豊子さん八十六歳、十歳年上のお姉さんだ。さっそくとばかりに十二年前に亡くなった波瀬正吉さんのお墓に案内していただく。車に乗った豊子さんから「今日は正吉さんの月命日だよ！」と知らされる、偶然なのに嬉しい。嬉しいのだ。集落の家々が先祖からずっと眠る墓地、どの家の墓も等しく立派だ、波瀬正吉さんの墓前で豊子さんが用意してくださったローソクに火を点けさらに線香に着火する、雨の予報なのに風は強いがまだ降っては来ない、どころかズシンと立って居る墓石の上空雲のすき間から僕達を抱えるように陽が差してきた。これも嬉しいのだ。豊子さんから渡された数珠を掌にかけ小さくなって波瀬さんを見上げる、これで又大切な記憶達が生き返る。

「ココニ、オトウサンガネ」と言いながら線香やローソクを定めた扉のさらに下の石の扉を開きながら僕の視線をその奥へ誘った。すごく驚いたがことを理解したその一瞬に僕の心は

能登杜氏四天王の一人と謳われた波瀬正吉氏（右）と著者。土井酒造場の土《ど》井《い》清愰《きよあき》社長（当時）とともに作った酒「御《お》日《ひ》待家《まちや》」は長く販売されている

グシャグシャになった。嬉しくて泣けた。そこには波瀬正吉さんが燃えて焼けたその全身の骨と灰が、まんまそこに居るのだ。「オトウサンオオキカッタネ」と豊子さん、扉から転り出しそうな頭がそこにある。何とも嬉しい出会いだ、これぞライブ、ライフ！　次の死が正吉さんのカラダを押すようにしてしばしそこに留まる、正吉さんの灰や骨は先祖達のそれと混ざり、やがて地球となる。豊子さんも楽しみだね、とは言わなかったが、僕達の誰もがいずれ物質になることを先達に合点する最高の形だ！　と僕は思った。

三十年も前、静岡県の西方遠州灘を南に大東町《だいとうちょう》という町があった（現在は市町村合併で掛川市）、そこの町役場の企画課職員の誘いで大東町を訪れた、その訳は町に「土方」という名字の発生の地があることだった。万葉の時代からの土方という地名、ばかりか土方家ももちろん地域にある。僕の師は土方巽、何じゃ！　好奇心はズンズン飛び回る。茶造りの農家の友に出会い、波瀬正吉さんとも出会うのだ。この地の酒蔵、土井酒造の杜氏こそが日本四大杜氏、能登杜氏の波瀬正吉だ、それと、コミック『夏子の酒』のモデルでもある。僕の自慢の友だ。年の半分を静岡で酒造りの毎日、能登に帰っては家族豊子さんと百姓の毎日。墓参の後の波瀬家でのご馳走の心遣いと、豊子さんとの語らいは、ますます正吉さんを忘れ得ぬ友とした。ついでだがＮＨＫの連続テレビ小説『まれ』の出演を決心したのには波瀬正

吉さんへの敬意の気持ちがそうさせたのだ、と付け加えておこう。　2021/10/22

僕に答えるのは僕のカラダ

北巨摩郡白州町、現在の北杜市白州に移り住み農業を始めて間もなくの頃、母が死んだ。父の死後、それまでの営みのリズムを失った母は一気に父を追うようにして死に向かっていったようだ。骨髄腫だった。

入院後の母は見舞う度に記憶を遡行し日々若き日の母に様変わりしていったように思う。ボケと呼ぶのだろうか、僕には意識的に母は、若き日に帰っていったように思える。医師から残りの時間の少なさを告げられ母のカラダに親しい八王子の家に一時連れ帰る。家に着き車から玄関に向かう母は僕の腕の中。日ごと時を泳ぎ若き日に遡行していた母が、そのとき「まさか、お前にだっこしてもらって家に帰るとはねぇ」と、小さくて軽い母のカラダ、皺が可愛い母の顔をサッと見ながら老いた母が帰ってきた、と、母に同意しながら、僕は少年の日々に駆け戻ったのだった。その僕の唇からは「そうですね、よかったですね」と、まるで大人の言い様、気付いて母を見る、微かに笑っているように。

病院から呼び出され母のもとに、ベッドに眠る母は眼を閉じ、何の反応も僕には見えない。ベッドの向こうに設置されたモニターに映る一本の白線、図示される母の生命の最後の様子だ。この線の動きが止まったとき母の生命、カラダの生命が終わるのだ、と僕の頭の中はイノチの渦巻きで、言葉・生命の渦。モニターと母のカラダを往復する僕の眼。線のみが動いている、その場は静止画、間、時のない時間。線が止まり画面から消えた。一瞬の間、母のカラダがググッと縮んだ。僕には十センチくらいに思えた。母のカラダを覆う布団の動きが、そう思わせたのだろう。カラダが死んだ、母のカラダが死んだ、カラダが死んだ、カラダは母だ、だが母は何処に。

母の言葉も感情も心も、母はカラダより前に姿を消した。言い残したかも知れない言葉も、動かしたかった感情も、何もかも僕の認識の彼方に連れ去り、カラダはそこに残されて有った。……長々と（いや、ちっとも長くない、が）母の死、そのカラダの死を書いてきたが、僕はヒトという生物の死の一例を母に、しっかりと見せてもらったと思うからこそ、感情以上の好奇心に連行される性癖の僕だからこそ、それでいてたった一度の人生のはずなのにつまらぬ執着に泣かされる僕でもあるのだ。

たった一人の僕の中のたった一個の細胞が僕の始まりだった。世の中のすべての生き物がそうであるように、一個の細胞の分裂分化の果てにヒトはヒトの形になり未だ変化を続けている。でっかい話だ。麦の一粒だって人の生命の因縁に匹敵する巨大なストーリーがある。一個の生命が全宇宙に関係しているからこそ現在があるのだ。歴史の記述の時代から映像そして言語の記録の時代に転換した、元々嘘で塗り替えるのが歴史そのものだった。嘘も誠も混合のまま地球が廻る時代に今は有る。部分と全体、個人と社会なんて学問してる時代かね、「私はカラダか」「カラダは誰のもの」「死は誰のもの」、僕に答えるのは僕自身だ。

2020/1/24

白州の風景に重なる面影

僕達（僕と多くの外国人と少しの日本人）が白州町に移動を決めた三十年以上前、当時存命だった師匠土方巽は、僕が東京を離れ農業を始めることに諸手を上げて喜んでくれた。穫れたてのジャガイモや卵をもって東京目黒の稽古場に行くと、早速客呼び付け、料理振る舞い大宴会になったものだった。「泯のジャガイモ」「泯の卵」と、自慢してくれた。土方さんがいつか白州に逗留し、オドリの話を存分に……と夢見ていた。が翌《あく》る年、一九八六年一月、師は人生を駆け抜けるように他界、五十七歳青春の真只中だった。事態を予感していたはずもないのに、年の瀬に「しばらくオドリを休む」と宣言していた。

師のカラダを失った年、一度の渡独を除いて一年中、白州の地にへばりついた。自然の、自分の、そして農業の一年を、しかと見据えようと思い立ったのだった。師の不在はオドリの不在を意味するほどに、怖いほど自分がつまらなく、足もカラダも漂っていた。そんな気分を打ち据え砕く為にも、朝から外に出てカラダを大地に這わせ、背に空をいっぱいに受けとめ自然のすべてに我が身を晒した。

僕の父は八王子の農家の次男だった為に、生家を出て独り立ちする人生を選んだ人だった。父は僕をバスに乗せて一人で父の親戚の農業を手伝うように促し、それが幼少期の学校休みの慣例になっていた。その頃の記憶の強度が僕のカラダに棲みつき、年を重ねてもどこかに消え去ることはなかった。農村風景とその全感覚、農家のたたずまい、人々の物腰、小さな自分が夢中になって見ていた多様さは、現在でも本物だ。

師は東北秋田の農家の末っ子として生まれた。著書『病める舞姫』には師の幼少期の環境の事態のすべてが万華鏡のごとく現れては消えてゆく。言葉は強烈な個性をもって読む者に刺激を乱暴に投げつける。だがこの個性は、個人性とは程遠い。幼少期の環境からの記憶の洪水をカラダに納め貯水する、カラダを表現の源ととらえた師の贈与とも称べる短い生涯は現在も僕の内で未了だ！

　脱線を許されよ。僕の内なる幼少期のカラダを四十歳にして白州の地で増殖しようと思ったのは父と土方巽の存在ゆえだったのだ。この原稿を書き始め行方知らずになりそうだった。でも、警察勤めの退職金で買った分譲地の小さな家のそのまた小さな庭で夢中で野菜を作っていた父の姿を思い出し、師土方が檜林に降る雨を見て独りそっと涙流していたのを……、このえんぴつめ！

2015/9/18

第五章

農の暮らし

ミニシミテ

プラハ国立美術館での檻の中のオドリを終え、翌日ロンドンへ移動、早速テート・モダン（イギリス国立近現代美術館）のライブ・エキシビションに参加している中谷芙二子《なかやふじこ》さんの「霧の彫刻」の展示にオドリで参加、たった三日間の出来事ではあったがプラハに続いて強烈な記憶に残る体験をいただいてきた。帰国の翌日は岐阜県立美術館での公募展の最終審査の為、日帰りの強行軍。審査員など身に余る仕事だが美術館自体の表現への挑戦に共感したうえでの仕事だ、随分と真剣な経過をへて大賞一作品が決まった。ホッと胸なでおろし山梨へ、それにしてもこの年は美術館での仕事が続いていた。美術館へのライブな表現の参入がジャンルを越え、境界をくずしながら進んでいる、ということか。

さてさてホームシックとの格闘をしつつ続いての旅先は長崎、ドキュメンタリー・ドラマへの参加の為の小旅行三日間、長崎の原爆を機にした人間ドラマを作るということで長崎市内の市場やカラオケの声がアチコチから洩れてくる夜の街のにぎわいに身を浸してきた。山梨の言葉に「ミニシミテ」がある。僕にはとても大切な言葉で、文字どおり僕のカラダにしっかりと根付いた山梨言葉だ。言葉がカラダに残ることなく消費されてゆくことへの警鐘、と、僕には受け取れる。師匠土方巽は「言語が肉化する」と表現していた。身（実）の無い言葉遣いに気づくと即「それって言葉でしょ！」と、その場に叩きつけていた。

師匠の全面的賛意を得て山梨に移住を決めて間もなく「ミニシミテ」の一件を報告した。師匠の笑顔はとても書き表せないが、心から喜び楽しむ師匠との対話は身に沁みて僕のカラダに刻まれてある。「ミニシミテ」を多用すると信用を失ってしまいそうだが、僕には「ミニシミテ」こそが道徳でありアミノ酸だ！ ……身に沁みて感じ入った長崎での体験をもう少し書いておかないと僕は言葉足らずの人になってしまいそうだ。「被爆者」という僕のカラダの外の出来事は「ミニシミテ」を道徳としている僕には象徴的な出来事だ。3・11もそうだ。当事者ではない圏内ではない僕は、いつもいつも「身に沁みた行動」に言葉もカラダも浸ることがない。当事者の一人ではない偶然の喜怒哀楽。

長崎のテレビの仕事で僕は被爆者を演じることになった。寡黙な男が息子に体験をテープに吹き込んで残す、という役を与えられたのだ。僕は当事者ではない役どころに「ミニシミテ」ある自分の思考や感情に向き合う機会を与えられた。偶然の生を生きている田中泯がジロウという被爆者になった、やっと身に沁みた行動に浸ることができた。本当は言葉はカラダなのだ。吐く息とともに言葉はカラダから出る、と同時に吸う息でその言葉と自分との距離を確かめる、そんな意味で僕にとって役者の演技はオドることと変わらないのだ。

2017/4/7

野の生命と一緒にいること

以前とくらべて畑に出て仕事する時間が減ってしまっているのだが、朝一時間でも、三十分でも、遠出の仕事でない場合には意地でも山梨に戻り早朝から働くようにしている。カラダは僕の意地ッ張りに付き合ってくれて元気だ。全ての方向に斜面だらけの村の生活は足腰のご機嫌が悪くては務まらない、歩き廻って空気がおいしく吸い込めなければ困るのだ。傾斜地での労働量、肉体疲労は平地のそれとは比較にならない。昔々の先人達の工夫と苦労のおかげの石垣、傾斜の緩和された段々の畑で働けることはこの上なく楽しい。

今年もやっとのことで小麦の種子播きを終えることができた。断続的な野良仕事ではある

テート・モダン主催、中谷芙二子氏の展覧会。サウステラスに設置された「霧の彫刻」
（音：坂本《さかもと》龍一《りゅういち》、光：高谷《たかたに》史郎《しろう》）にて、2017年3月場踊りが開催された

けれど、乾いた刈り草を燃やした灰を畑一ぱいに散らし、休み休みの耕耘作業、麦の粒を指の先からパラパラと落としながら歩く。黒い土の畑に麦粒の色の条《すじ》が幾重にも続いて、すごくきれいだ。完全ではない図形が僕には何だか気持ちいい。自然の内での作業が、(これはいつも感じていることなのだが)まるで大地にデザインを施しているような気分になることがある。大昔からのお百姓さん達もきっと感じていたに違いないと思えるのだ。農作業のことごとくが、合理的で無理のない、それでいて遊びの許される造形とでも称べるものだ。農業の上手さの中にこの造形力が要件としてきっと組み込まれていたに違いないと思える。美しい畑には農民の工夫と造形そして野生(野の生命)を信じる心がこもっている、と僕は思っている。

土に落ちた種子は、耕された土の黒色の上で何だかなじめないでいるようにも見える。鍬《くわ》でうすく土をかぶせる、種子が見えなくなった途端に、心が動いて「頑張れよ!」とつぶやいている。不思議なもんだ。畑の表面から麦色が完全に消えた。腰を下ろし一服する。本当に満足する、が、すぐに畑一面に条をなした緑色の発芽の様や、すべてが冬色の景色の中でじっくりと育つ麦の生命の色が眼に浮かんでくるのだ。見回すと周りの山の木々は色づき木枯らしもすでにやってきた。虫の姿もめっきりと減った。今年も冬がやってくる。季節は常にあらゆる生命にその時々の自然なあり方を見つけるように、と僕達を刺激しているのか、思えば嬉しくなる。もっと敏感に人間が継承してきた物事に触れていなければと思う。ちなみに小麦は一万五千年以前に栽培が始まり日本には二千年くらい前に大陸から渡ってきたらしい。僕達は毎年毎年季節とともにその生命を生かし続けているのだ、と思うと、なおさらに楽しい。

2015/11/6

ダンサーはカラダと生きる人

「身を粉《こ》にして働く」という言葉がふっと頭の中に浮かびしばし停滞した。随分と久しぶりに現れた言葉だ。どうしてかというと、台風五号の気配が山梨にもボチボチ漂い始めた二日間、連続する夏日のもと畑の土は乾き、動かすと土埃舞い上がり風に飛ばされる、霜前《しもさき》蕎麦の種子播きのタイミングを待っているのに一向に雨の予報なし。そこに遅速の台風五号が雨を運んでくるという、シメタ。砂漠のごとく水気の無い畑に摩周湖周辺からの種子を条播きする、そして土を薄くかぶせる。文字にすれば簡単なことだが、僕はこれらの作業を休み休みだが六時間余りかけて行う。

ちょっと話はそれるが、僕の農業はすべて借地で展開している。自然な山野に石を積み狭くても平地を作り、段々畑や棚田で農業を営んできた人々の原風景に子供の頃から親しみ尊敬もしてきた自分が、その地を所有することなど考えもしないことだ、生き活きとした畑や田は人の生命そのもの、中山間地の田畑は、先人の過酷な労働から立ち上がった石垣に守られ支えられ、殊の外美しい風景を山中に出現させた。農村なのだ。里山は縄文時代にその端を発する、縄文王国山梨に存在する数多くの小さな山里は、まさに縄文からの伝統と呼んでも間違いないだろう。人寄せの風景は心を隠してしまう、心寄せ心満ちる仕事を生業《なりわい》と呼ぶが、「生業《すぎわい》は草の種」という言葉もある、力強くて心ふくれる言葉だ。

種子播きに戻ろう。借地で農業を営む本意はお分かりいただけたと思う。加えて僕は全身を駆使する身体表現、オドリを生涯の仕事とする人間です。一日中カラダと付き合いカラダと生きる人、ダンサーです。植物と関わり作物を育て成果を披露する、「美味しい!」と言われれば有頂天、何とも嬉しい。畑や山の中でまさに身に沁みてカラダを動かす、それも動かし方を工夫工夫して面白さ厳しさを見つけることが日課のような農業の現場、サイド・ワークではなく発想の源でもある僕の現場。

汗みどろになって種に土をかぶせていると一段上の畑で働く老婦人「本当に一人でやって

るんだねー」と「よく稼ぐねー」とほめられた、嬉しくなって作業がはかどる。ホカホカの土にめり込む足袋、深く膝を曲げて土により近寄る、背中を曲げたり伸ばしたり、ときに腰でリズムを遊ぶ。キツくて楽しい。

僕の農作業には苦情を向ける相手が居ない、だから楽しいのだ。雨が降るから早く終えねばならないのだ。だから自由なのだ。理屈を述べない自然は僕の管理人、具体的に教えてくれることばかりだ。もちろん、未熟な大人を目指している自分に万余の生物と関係が結べるはずもなく彼らからの無言の苦情に冷や汗も体側を走り落ちる。人間という固まりを打ち砕き、より小さな粒となり周囲の自然に混ざりあう。「身を粉にして」が少し分かったかなと思える二日ではありました。付け加えると南風の匂いと小雨の中、石垣の隙間から生えた草木を刈り取り、垣の全容を再見する喜びはとりわけ大きなものだった。この先も天のいじわるに打ちのめされないように生きるべし。

2017/8/11

斜面に暮らす人々

僕の住《すま》いの周辺はまるで砦《とりで》があったのでは、と思うほどに石垣が斜面の大地を押し上げるかのようにして在る様が、途切れることなく風景のグルリに見える。場所によっては石壁と呼んだ方が似つかわしい石積みもある。どうやってこの巨石を石垣に使ったのか、理解に苦しむ程の大きな石を交えて実に見事に急斜面の土地を、先人達は気の遠くなる時と努力の末にそこに住み、生活の糧となる作物を養う田畑として活用してきたのだ。気の遠くなる、と書いたが、日本中のいたる所で「石を運び積み上げる作業」は、連綿として続いてきた。

斜面に暮らす人々への尊敬は僕がまだ小さかった頃からずっと続いて心の中にある。天竜川流域の斜面の村で一人暮らす老女と話したことがある。水汲みに毎日一時間かかっていたそうだ。斜面を耕すとき常に土を上へ上へと引き上げるようにして道具を使う、これは自然に身についた。休むときは斜面に背を当てて向かいの山々と空を見て隣の人と話す、などなど。苦労話にはとても聞こえないほどに楽しげに明るく話す。話は止まらない。「このお婆さんは、ここに居て、暮らしていることが命で、そして表現なんだ」と、思ったものだった。山また山の山梨県は実に石垣県だ。斜面での生活を続けている人々もまだ多くいる。僕もまた標高千メートルの斜面生活者だ。

縄文の大昔、山梨県は最も人口の多い地域だったと聞いている。縄文人達の移動の能力は現代文明人の運ばれる移動とは違う、未知の場所への好奇心と共に自分のカラダを運ぶ自然な本能の発露が、短命であったがゆえの日々のエネルギーの充実感が並ではなかったのだろう（いや逆なのかな、充実感が生命を短くしたのか、いずれにしてもうらやましい自然さだ）。遠くを知る縄文人達が、それでも山梨に集中した。とても面白い。

僕達は「不便」のすべてを嫌っていたのだろうか。自分にしかできないことが有るとすれば、それは他人からすれば不便なことであるかも知れない。僕にできないことをやる友達が驚異だった子供時代がなつかしい。現代では人工知能の可能性が便利さの域を超え、人間という不可解で自業自得の生物の不様《ぶざま》を尻目に前進・進歩するという快挙？　人間には勘違いを信じる自由と楽しみも有る、意地張って機会を失うこともある。負け惜しみも美しい。人間には不完全だから頼りになる、とか、自分が納得するまではイエスと言えない変な自分が居たりもするのだ。勝敗にこだわり優位性にへつらう社会からの脱皮はもう無理か、この頃、壊れかけてる石垣が目に付く、住居の周辺だけでもいいから、直そうか。

2016/3/25

感覚は発見するもの

えんぴつは芯を木から削り出してゆかねば書き続けられない、ここが面白いところだ。ノック一つで芯が出てくるシャープペンシルやボールペン、色つきのマジック、さらに蛍光色のマーカーなど前を争って便利がラッシュする時代より半世紀以上も昔のことだ。ブリキの筆箱にえんぴつ・消しゴム・ナイフを入れて走ればカタカタ筆箱鳴らして学校へ通っていた時代。えんぴつの先端をナイフで削り使いやすく書きやすく調節していた。やっと握れる程に短くなるまでナイフで削って使っていた。金持ちの子も貧乏な子も一緒だった。

子供達にとってナイフは日々の生活に遊びに大いに役立つ必需品、工夫と工作の道具、手の延長としての道具と言えた。そんなナイフが危険対象物となり子供から取り上げられたのはいつ頃だったか。人の成長のカテゴリーには感覚の発見と発展が含まれていたはずだ。「危険!」という事柄に対して世の中が設《しつら》える制度と風潮には昔から馴染めない僕がいる。物事の道理や善悪は、個々人が全身の感覚で受けとめ心に刻みつけるという一面をもっている。「いけません！」を理解するのに時間がかかる僕のような子供も多勢《おおぜい》いるのだ！　言葉でしか知らない感覚は、原料を知らない食品のようで怖い。「いけません！」を無視した事態の多発する現代の閉塞感は、感覚や感情といった個々のカラダに属すべき大切な出来事の現場を「便利・経済的・安全」といった理屈で世の中を平滑にしてしまったことからくるように思う。「見せかけの手引き書」としか思えないのだ。

白州町に移住を決め移動を始めた僕と仲間（少しの日本人と十数ヵ国からの外国人）は、それこそ異人、異端者の集まりに見えたに違いないのだが、僕達もまた、大いに事態に戸惑っていた。運良く借りられた一軒家を修理改良しながらの共同生活が始まった。家族・一族でもないそのうえ人種混合の生活を「共同」「共働」という理念を基に経験する大きな戸惑い。「共同」は子供の頃からの僕の夢だ。不動の中心など無い人間の関係、ちから関係の愉快な流動性、三十年以上たった今でも戸惑いと困難さを感じているにも拘わらず夢であり続けている。

借家から一歩外に出ると瞬時に大自然と田舎という別の共同に対面する。白州町での暮らしの始まりは、圧倒的な自然と「土」を根拠にした人々の在り方に、こちら（僕と仲間）は自分で感覚を発見開放し伝統を学習することで、共働を自覚することだった。

2015/9/4

「多様化」に悶々

七千年以上も昔、インカの祖先達がアンデスの高地で栽培を始めたジャガイモは、十五世紀末コロンブスが大陸を発見した頃には、すでに世界一洗練されたものになっていた。インカの祖先達は当時すでに三千にものぼる様々な特性を備えた品種を栽培していたという。アンデスの高地という、高低差の違いや気象条件の違う環境で特別な難しさを抱えながら長い年月をかけて築きあげてきた豊かな多様性はわずか数世紀のあいだに全世界に拡められ、残念なことにジャガイモは普及したものの、多様性は流通の勢いのもとに単一な方向へと急速に変化していった。

日本にはインドネシア経由で入ってきたと言われているが（ジャガタライモ→ジャガイモ）、すでに単一な形と色のジャガイモに様変わりしたものだった。ヨーロッパに運ばれたジャガイモはアンデスの地で実現した多様化という知性を失い、急速なグローバル化を実現した先鋭とも呼べるモデルであったのか、何とも嬉し悲しだ。個性が生きられる多様なモデルが流通の勢いのもとにふるいにかけられる、人間の手によってだ。ちなみにジャガイモの学名は現在ソラヌム・ツベロスムと呼ばれ七千年以上も前インカの祖先達が栽培を始めたイモをその祖と仰いでいるようだ。ついでに、僕が二十年前にネイティブアメリカンの友人から入手した紫色のジャガイモは彼らが知る限りでは三百年以上昔から栽培しているインカの品種だそうで由緒正しいジャガイモでインカの祖先の知の結晶とも呼べるもののようだ。

生命あるものの歴史は常に多様化へと向かう。ジャガイモは人の力と刺激を受けてその速度を速めたわけだが、人の手を介さずとも、殆どの生命は自力で多様化へと向かっていたはずだ。「多様化」「単一化」「個別化」「差別化」それぞれ人間だけの言葉だが実にきわどい。一体、人間が世界をこんな風にこんな具合に見たりしてよいのだろうか。生命ってそんなにイジクリ廻せる物なのだろうか？　ああ、また悶々《もんもん》としてきた！　「人間中心」なんて言葉や「差別化」なんて言葉を、本当に心して自分のカラダの内に向かって問いかけることのできる余白を失いかけているのではないか、時代は常に流れていく、「流行」？

敬愛するピアニスト、セシル・テイラーがコンサートで詩を朗読した。原文をもたないので記憶と僕の今の気持ちで書き殴る。

かつて人類はアフリカの地に産まれた。人々は土の色をしていた。時がたった、永い長

い時がたった。世界中に色々な肌色の人々が暮らすようになった

あるときから、始まったのだ。アフリカから土色の人々が買われたり売られたりして、世界中に運ばれていった。土色の人々は全く訳が分からなかった。本当に分からなかったのだ。ある日突然、自分が売られて見知らぬ土地の見知らぬ人のもとに運ばれてゆく。訳が分からないのだ。仕方がないと言える人にはその訳が分かっているのか

地球上には多様な多様な「風土」がある。地球が存在する限り無くならないのだ

2017/5/19

悪夢は見るまえに見ておくべし

国連気候変動枠組条約第26回締約国会議！　環境省が決めたのか何とも好奇心も萎えてしまうような見てくれ、ＣＯＰ26を日本語にするとこうなるそうだ。悪しき心も良き心もないまぜに好奇心には動く心が動機として働く。好奇心の活躍は人類の始めから日々の営みを豊

ピアニスト、セシル・テイラー氏のブルックリンの自宅でセッションする著者

かに面白く、ついでに脳の発達すら促してきた。自動自発の想像心がそれだ。二〇二一年第26回気候会議（勝手に短くした！）COP26の開会の冒頭、開催国である英国の首相が「石炭火力発電の最期」を威勢よく告げる、僕の良心も少なからず動いた、言葉の力そして言葉の根ッ子に期待すらした。が、全ての生き物の危機は確認されたのか、全ての自然災害に大の字が冠せられる日が来ることは語られたのか、日本という災害国の事情は！　だが閉会したCOP26、結果は言わずもがな、経済が全てに優先する。金が無いからできないのなら何とかするしかないじゃないか。悪夢は見るまえに見ておくべし。

　日本の新総理は新資本主義だなぞとおっしゃる、新しさを優位の旗印にするのは使い古された雑巾にも及ばない浅知恵だ。超資本主義を目指してこそ人々の好奇心は動きまッス。政治家の腐れ縁にまみれた主義と取り繕い。数の論理が誉れの知だろうか？　野原の美しさやさしさを知らないのか、「野《や》」を考えてくれ、野に党派はいらない。野に生える木は森を造る、群なのだ。現在・過去・未来を貫く良心的な精神はあるのか。さて未来を語る政治家は僕達に逃避行を推奨しようと企むのか、時は具体的だ、カラダは明日の命の為にある、明日は未来ではないのか、時は必ずやってくる、向こうからだ。身辺の腐った常識を新鮮に描き直すときは今だと思う。今更だと思うなら尚更に今なのだ。平安の世から懸案の性差問題、続く続く差別問題、外国人問題、手前勝手な安心と安定を謳う制度、不満不安に蓋をして人権問題とは滑稽の極み、僕は行間に大半の時をついやす。常識ありのままに生き物としての呼吸あり、だ。常識という言葉の行間。

紅葉が駆け足で去り早くも辺り枯れ葉色、早い者勝ちのように落葉始まり枯れ葉が風に遊ばれ家の周りを動き廻る。あまりに量が多く猫ちゃん、ただキョロキョロ。ひと月ほど前耕耘すんだ畑に小麦の種子を播いた、毎年のことながら十月二十一日を目処にしているのだが、気候変動が進んでタイミング悪く種子さんに迷惑かけるのでは、と空想、とはいえ自然はイグザクトとアバウトを簡単に使い分ける、全てにディスタンスの感覚が優秀なのだ。
今年は三枚の畑に二種の種子を播いた、一番小さな畑にもち麦、大きな二枚には毎年のようにして乾麺うどんにする為の小麦をそれぞれ条状にていねいにゆっくりと土の中にねかしてあげた、一週間ほどで芽は出揃い畑は緑の縞模様、日増しに緑色のベルトが太く濃く空の色とよく似合う。ところが縞の間の土の余白と小麦の新芽の周囲にも様々な草が芽を出して個性を主張、土の中には草や木の種子が常にタイミングを待って眠っていることを、迂闊にも見過ごす程に小麦の発芽を待つ気分は正しく心待ち。が大地は植物の誕生で大さわぎ、自然てやつは！

2021/11/19

植物は愛のモンスターだ

今年もまたいい加減なお百姓さんを演じてしまった。たくさんの種子を無駄にし、たくさんの苗を殺し、たくさんの収穫物を放棄した。何と不良なお百姓さんだ。種子屋さんをまたしてももうけさせてしまった。思いつくだけの種類の作物を育ててみたい、と未だに夢見てしまうのだ、無理と分かっていても、今年こそはと大袈裟な決心を繰り返す、よせばいいのに、と分かっているのに分かっていない。小さな種子の中で待機してる生命。知らず思わずのうちに僕は大量虐殺を重ねている。痛みを感じない訳もない。植物はモンスターだ、放棄された畑に田に踏み込んでみるとよい。世界中・地球上いたる所で人がチョッカイを出した自然が砂利ッ禿《ば》げのようにしてアスファルトを破り廃屋に侵入し人の日常を、日常の跡を陵辱する。

古代から人は植物を選び改良し思うままに人の為に成るよう飼い慣らしたつもりで農業という植物支配の生業を発展させてきた。現代に暮らす僕達の認識をはるかに超えた植物との

農作業でじゃがいもの種子播き

関わりを古代から人々は知恵として暮らしの中に外に携えていたのだと思う。科学の証明も無しにだ。衣食住の至る場面に植物の助けを求め、その霊性にもすがり、果ては経済支配の身代《みのしろ》として植物は権力に貢がれた。近頃では滅多にはお目にかかれないが、一族の家紋としての植物などは一例だ。家紋ではないが全国都道府県にその象徴となる樹木があるのも何事かだ。ちなみに東京都は銀杏《いちょう》を選んだ、どんな由来があるのか未知ではあるが、銀杏は地球上北から南まで至る所に分布する樹木の先達《せんだち》ではある。

お百姓さんを一人勝手に任じている僕の体《てい》たらくを自分なりに弁解するとすれば「愛と戦いの日々故」だ。全ての生態系の発端は植物であるということ、ガスを吐き出す我々移動生物に酸素を供給してくれるのは植物のみだ、僕達が息をしていられるのも植物の光合成によって作られる酸素のおかげだ。ばかりか、植物は二酸化炭素CO_2をもとにして酸素を作っている、陸上ばかりでなく海や湖においても酸素が海藻や植物プランクトンによって作られているのだ。お分かりだろうか、二酸化炭素を吸収して酸素を作り出し、すべての生き物の呼吸を可能にし脳の活動の深化を支えたのは植物であったのだ。これを奇跡の愛と僕は称《たた》えたい。だからこそ僕は植物への愛を感じていたいし行動でも彼らに示したいし、できれば語り合いたい。多くの人の先祖達は民話や童話をとおして樹木や草そして花を擬人化して語り合ってきたではないか、サン＝テグジュペリの『星の王子さま』、砂漠の緑化に生命をかけた福岡正信《ふくおかまさのぶ》さん、一例ではあるが植物への愛を素《もと》にした人生は可能だ。
いつの日か、僕も専業のお百姓さんとして農の歴史に加わりたいと思っている。願っている。一本の木でも語り合うには余りある、一本の草でも時におじぎをしたくなる、そんなお百姓さん（ヒト）に成りたい、それが僕の愛するオドリでもある。地球の空気の危機を知ってか知らずか、権力と経済に脳を奉公させる生き物よ、出直して来い！

2022/10/21

田中B吉、わが家に来る

今回は田中B吉君の失踪事件の話からえんぴつの散歩は始まる。あかるいグレーの短毛、長い尾を下げ頼りなくヨチヨチ歩きのB吉を村の山猫（わが家の猫君達は家の内へは入れず、土や木や草々の中で暮らしてもらっている）の仲間入り計画の為にもらってきたのは二〇一四年の春、当初は部屋の中で他の仔猫と二匹、大人猫とは交流させずに暮らしていた。仔猫の可愛さは特別だ、時間を忘れ僕も猫になる。

もう一匹の仔猫。WOWOWドラマ『グーグーだって猫である』に出演した際、共演した仔猫が僕のところへやってきて暮らしているのだ！　つまりグーグー、名前はアカネに変わりはしたがひどく活発で運動能力の高さは疑いもない。アカネのスピードに攪乱され混乱するB吉はまさしくB級、僕の好みでもある。ほれぼれする程の能力のA級アカネに対してB吉は常に遅れてはいるのだが卑屈になることもなく、かえって遅さを楽しむかのように仔猫らしくしている、と、僕には思えてしまう程のびのびのんびりと、その仔猫能力を磨いているのがB吉だった。

二匹の仔猫は半年ほどして家の外に作った猫小屋に移った。もちろんこの小屋もヤマネコ化計画のステップとして考えたものだ。アカネとB吉はなんと！　その春、子供を作った。猫小屋の中での出産と子育て、一部始終を観察できると思い込んでいる人間の、僕の浅はかさはいつものこととして猫一家のうちでのB吉の存在は何とも不思議なことになった。

村の猫達の中に拾伍《じゅうご》という雄猫がいる。この猫の話にえんぴつを動かすとまたまた時を忘れてしまうので、話を短くすると、十年近く昔の敗戦記念日の夜、山道を車で走っているとき、道の中ほどに衰弱して座っていた仔猫が拾伍。道の脇の林入り口に母親に違いない大人猫がじっとこちらを見ていた。託されたのだと僕は思った。その拾伍を猫小屋の住人に加えてみたのだ。拾伍はまるで親戚の叔父さんよろしく仔猫達の世話を始め、おまけに母親

田中B吉。
村で生まれた動物は皆田中の「姓」がついている

（アカネ）の信頼を獲得したのだ。B吉の内部に何が起きたのか知る由もないが、事程左様に手前勝手な人間本位の解釈と思い入れで事柄は進み情報化してゆくのだ。僕はきっと猫達の暮らしを覗き、一緒に遊び遊ばれながら、お互いの秘密に触れたいと切望しているに違いないのだ。見えない内部、語れない内部、生き物同士（敢《あ》えて僕・私も生き物と断定すれば）のすべてがもっている表現し尽くすことのできない何かに想いは走る。

2015/11/20

田中B吉、失踪前夜

わが家のヤマネコ達は五匹、桜・花・小豆・タンゴそして拾伍だ。拾伍の他の四匹は皆姉妹。黒猫のタンゴ以外はどれもやや暗めの茶虎猫、皆十五年も生きているというのに元気だ。花と小豆は時々姿を見かけなくなる、というのは餌場にやってこないことがあるのでこんな言い方になるのだが、彼らの行動範囲は広くて想像できない。昆虫やヘビ・カエル・鳥を捕まえても充分に生きて暮らせる。

かなりはっきりと自分の名を認識しているので大声で呼べばどこからか現れる。四匹の中でも桜は家に客人が来れば必ず現れて接待役に徹して、大人でも子供でも誰に対してでも、ヤマネコのはずが家猫のように振る舞って、いやそれ以上にまとわりついてときにはうるさいヤツなのだ。

拾伍は黄色に近い明るい色の虎猫だ。仔猫の時代にとても可愛がられて家の中で暮らしていたのだが、家猫の最大の不足は「主人の不在」、僕の留守の間の拾伍の暮らしは想像を越えていたに違いない、とにかく怒るのだ。帰宅した僕に不満と不安をぶつけてくる、「餌だけ置いとけばいいいって思ってるのか！」「そんなことはない、何とかしなきゃーと思っている」「で、どうするのだ？」ということで（すごく省略したが）拾伍はヤマネコ一族の仲間入り、のはずがそう簡単にはことは運ばなかったようだ。拾伍は当時七歳、相変わらずヤマネコ姉妹にはけむたがられ近寄りがたい、おまけに山の自然は拾伍には過剰なようで、家の近くにそのテリトリーを定着した様子だった。

僕は村で暮らしている時間の殆どは農業をしている。畑に、野良に出ていると言ってよい、つまり田中泯というヤツが村に戻ってきて急速に土に吸い寄せられて名なしのゴン兵衛に変身する、といった趣だ。そんな僕が畑で働いていると、どこからか猫が現れる。まず僕に声をかける、きっと自分が何者かを知らせているのだろう、花や小豆、そしてタンゴ達だ。桜はめったには現れない。家からかなり遠くの畑でもヤマネコは姿を見せに訪れる。僕の動作にじゃれてくることもある、特に指の動きが面白いようだ。距離をとって狙いを定め、そして飛びかかる、すごくジャマだ。畑の仕事はおそろしく多いが、カラダを使って働くとき、その作業をより速くできるように工夫することが中心課題だ、つまり動きのモチベーションに接近することこそが、遠い先祖からずっと続く農民の工夫と努力に報いることだ、と僕は思っている。そんな僕の時間に猫どもはジャマに入る、きっと、「そんなに夢中になるな!」と警告しているのか。

2015/12/18

田中B吉、失踪の謎に迫る

むかしむかしの大昔、家屋というものが夜をすごす為だけに必要だった時代、ヒトは一日の半分以上を屋外で大地に足を着けて暮らしていた。ヒトよりも他の動物達の方が圧倒的に、数においてもその生活圏においてもヒトをしのいでいた。ヒトの暮らす領域(村?)に

田中B吉・アカネの子供。今はもらわれていきました

彼らが近づいてきたのかそれとも捕獲して手なずけたのか、親しい動物達が増えていった。ヒトの観察の結果、動物達は世代を重ねてヒトに都合の良い方向に変化していった。きっと大失敗や想定外の事件が有ったに違いない、けれども動物とヒトとは仲良しになっていった。犬・豚・鶏・牛・馬・アヒル、さて猫はいつ頃この仲間に加わったのだろう。

わが家の猫君達は僕の勝手な「ヤマネコ化計画」の被害者であるのかも知れないのだが。大昔の動物達が「家畜」としてヒトの役に立ったり食料になったり、あるいは食料を提供したりする。しかし、猫はどうも違う。「化け猫」は古来幾多語られてきたが、「化け犬」「化け豚」の類は聞いたことが無い。何故、猫は「おばけ」になったりしてヒトの精神活動の内側にまで入りこんでしまったのだろう。食料としての犬の市を目撃したことは何度となくあるが(日本ではなく! アジアの国々を旅してのこと!)猫を食べるという話もあるとしたら、それこそ化けて出られそうだ。

さて、田中B吉が失踪した。B吉は全身美しい灰色で緑の自然の中では殊更美しく映えるロシアンブルー。アカネはアメリカン・ショートヘアー。ロシアとアメリカを混ぜてしまえ! という僕のおふざけの被害にあったのがB吉とアカネ、というわけだ。二匹は二度子供を授かった。仔猫は一匹を残して全て(五匹)もらわれて幸福に暮らしている。この仔猫達すべてアメリカンの不思議な縞模様、ロシアは劣勢であった。この二匹以外のわが家の猫達は「雑種」、何ということ！　幾千年もかけてヒトと付き合ってきているのに「雑種」などと呼ばれて。僕は、家系や純血にいばられるのは嫌いだ！（この話はいつかせねば！）
田中B吉が失踪した、何が彼におきたのか、ふっと居なくなった。猛烈なスピードで野道を駆けるB吉の姿、草の中を転げ回る光る灰色。たまたまエリートのB吉の振る舞いは僕の好奇心を煽る。彼の内側こころを空想するのだが所詮ヒトの間口だ！　生命の伝統を身に沁みて知っているのは彼らの方だ、オッとこれもヒトの思い上がりか。日数に関心のない猫のことだからどうでもよいのだが、B吉は一週間になろうとする頃ふらあ～りと村に戻ってきた。どこにいた何をしていた、など聞いても失礼なのは分かっている。

2015/12/25

大事にしている言葉

山梨で暮らすようになって四十年近くになる、人生の半分近くを自然の只中で生きてきた。と言っても自然は人のすぐそばに、足許に、頭上に、至る方向から僕達をくるむように包むように風のようにして、存在している。そんな山梨で僕は勉強して育った。こんなことが書ける程の時がたったことに今更のように驚くのも愉快だが、多くの尊敬すべき友人達との出会いが時を満たしてくれていたのも僕の幸運だ。

山梨での自然、人との関わりの日々で僕は二つの言葉がず〜っと好きで自分の内で大事にしてきた、この頃ではますます大切な言葉に思えて書き留めておこう、と思い至った。その一つは「ミニシミテ」だ、「身に沁みて」とも「身に染みて」とも書くようだ。物事がカラダの内にまで伝わる感覚だ。白州で農業を教わった先輩方に「身に沁みて働けし」と言われ頑張り「身に沁みて飲めし」と言われ楽しみ、友情を深めた。「身に沁みる」ほどの言葉を吸い込み、吐き出す。何だか近頃は口先や頭のまわりをうごめき飛び交う言葉ばかりの世の中で、寂しい。

もう一つの言葉は「尊《とうと》い」、これは素敵だ。ご近所のお婆さんに僕の世話した野菜をお裾分けで持参したところ「そんな尊いものをすまないねぇ」と、言われた、正直に驚いた。まさかのタイミングで聞いた「尊い」だったのだ。思いも寄らない場面が尊かったのだ、初めての体験だった。人が働きその成果としての野菜、共に尊い、以来僕の心の内で尊い物事の様子が変わった。このこともまた、身に沁みたからこそなのだ。

「ミニシミテ」と「とうとい」は山梨という風土が培った自然観から産まれた言葉だと思え

斜面だらけの地で何世代もかかって積まれた石垣がそこかしこにある、
著者の住む村にて、2013年3月、場踊り

るのは僕だけでは無いはずだ。尊さが身に沁みる、身が染みるほどの尊さ。二つの言葉はカラダの内で繋がり駆け巡る。何とも嬉しい。空の雲も夕焼けも、トンボもイナゴも蝉も、みんな尊い。優劣や勝敗に関係なく、否それすらも尊いのだ。どんな個人にも身に沁みる心情は訪れる、こんなボーダレスな尊さは消滅途上の言葉の機微が、人間様の世の中に於いてこそ復活してほしいものなのだ。何も歳時記に習うまでもなく人の世は自然とともにあり、地球という僕らの住み家と共に生滅を鷲摑みにして宇宙を飛び廻っているのだぁ〜。

地球上の至る所で人類は古来自然と交流し語り合ってきた。世界各地に残る民話・昔《むかし》噺《ばなし》・童話の中で人間はあらゆる生き物、いやいやそればかりか、太陽や月、雲や土までとも語り合ってきた。多くの物語が示すように人間はむしろ模倣し学習してきたのだ。あの世とこの世との往来にも森羅万象が参加している。そんな物語を発明した先人達の尊い想像力・直感とは裏腹に、近代人は人間以外の生物の進化を甘く見ていた。ところがどっこいだ、世界中の子供心をもった科学者達は近年次々と生物の交信と共生の事実を発見したのだ。僕は密約と称んでそのことを信じていたのだが、数年前『人体　神秘の巨大ネットワーク』という刺激的なシリーズ番組を作ったNHKのチームが『超・進化論』として多くの世界の科学者と協働の番組を発表した。僕も植物編・桂の木の老木の語りを担当した。光栄な仕事でした。

2023/3/31

第六章

利己的な好奇心

何度でも立ち止まるぞ

人は立ち止まる、何も歩行の途中でのみ立ち止まるのではない。僕などはどちらかと言えば前進よりも立ち止まっているときの方がより多いように思える。方位定めぬ点点点の日常だ。疑り深いのか、一瞬の立ち止まりも癖のようにしてあるみたいだ。このまま続けばよいのにと思えるような一瞬も多い、漂っていたいのだろうか。繰り返しの大事さを承知しているくせに、程々が好きだ。完了完成に向き合う快感を知っているくせに立ち止まる、途中が好きないい加減さを糾弾するのはいつもの時間だ。

今さっきまで家の外にいて雨なのか霧なのか分からない微妙な水分の落下の下《もと》に立ち止まっていた、程良い歩行の後だった。夜が明けたばかりの自然は灰白色を帯びた里山で心地好く即座に僕はそこに溶解する。僕の周囲から今は見えない富士山まで自然は皆立ち止まっているように思える。気象のせいなのだろう皆外に向かう活動からシフトして内省している。彼等彼女等は皆裸だから純粋に天候と訪れない陽光に反応しているのだろう。

自然は実感を学習の根拠としてそれを伝承し進化してきた。立ち止まりの時は学習の時であったに違いない。僕達だって立ち止まることで実感を得て学習してきた。霧雨の中に立ち止まり、そこに居ることを実感している僕も多様な感覚と意識のうごめきを学習していたのだ。小さな頃から幾度も幾度も試みてきた自分のカラダの実感体験だ、山梨に移住してきてからも一人になることは身心の探索に必要な条件だった。

自分の足跡に重ねるようにして後退することはとても難しいが、人の歴史の跡を後退して今を見ることは容易《たやす》いことだ。ある地点に立ち止まり今と比較してみる。人の歴史にはどんな進化があるのだろうか、人は地球に貢献してきたのだろうか？　怪しいもんだ、と思ってしまう。権力と金が変えてしまった地球を、その上で暮らす自然達はどう思っているのだろうか。ガリレオやニュートン、エジソンやチャップリンのような才能が姿を変えて生まれていたら、どうなっていたのか、あらぬことを空想してしまう。

一方で古来、人間は他生物に人間語を話させる昔話や童話をたくさん作ってきた。聞こえるはずのない言葉を生物に託して語り続けてきた。現代のように自然科学が数多くの謎、不思議を解明して僕達の自然観を刺激するより昔の昔から地球は多様で、共生が競争より大切であることを知っていたに違いないのだ。三十八億年前頃、海の中で生命が誕生して以来の、生命の継承の列の中に僕達の一生もあるのだ、だからこそそのたった一度、誰とも違う唯一の一生を送る権利と義務があるホモ・サピエンス。前に述べた『超・進化論』という番組では、僕の直感が幾つも証明されていた。物質の組み合わせを言葉にして空中に放出し同種異種との間の伝達を可能にしていること、その思考を可能にする二十種以上のセンサーが植物にはある、等々。秀美だったのは競争よりも共進。素晴らしいキャッチだった。

2022/11/18

生命ドラマチック！

「三十八億年も昔に途方もないドラマが始まっていた！」、後に続けるべき言葉を考えたくもないようなことを、ふっと書いてしまって、僕はスルーッと垂れてきた鼻水を急いでティッシュでぬぐう、えんぴつの芯が原稿用紙に触れないようにしてグルグルクルクル宙で笑う。ドラマとはつまり、この地球に生命が誕生したということ、そして、自分が始まったということ。地球の始まり宇宙の始まりに壮大なドラマを想い、狂おしい程に頭脳を使い続ける人々の群が世界中に存在しているし、いたのだ。まるでそのことだけが人生の一大事であるかのように生命を燃やし続けた人達が。

宇宙の始まりを知りたい、なんて、確かに途方もない話だ。自分なんかの考えることじゃない、そんな時間もない、結局ワカラナイ関係ない、といった塩梅で、人類の大半は脳内から不思議を追い払った。「宇宙の始まりこそが時間である」などと言ってみたところで所詮言葉の情報、何の刺激にも成りはしない。人類の大半の一人である僕は一体、どうしたらいいのだ。でもデモデモ、大風呂敷をひろげたが収拾がつかずたたみ直してしまう人がいる一方で、小まめに物ものを収集しいつしか大荷物にできる人もいる。配達の途中、見つけた石を積み上げ積み上げ巨大建造物を創り上げるという、気の遠くなるような執着を実行したシュールレアリスト達の憧れの郵便屋さんもいる。

ほんのわずかの汗や血や髪の毛などのカラダの痕跡をもとに、DNA鑑定という方法は、個人を特定してしまう。抜けた毛髪一本でも「僕」なのだ。一体いつからそんなことになったのか、僕は知らないが、つまり一個の細胞にも僕はいる、ということなのか。DNA鑑定団の人々の頭の中はどうなっているのか知りたい気分ではあるが、ともかく「生命ドラマチック！」なのだ。

僕の神棚のご神体はシアノバクテリア、眼で見ることができないので、家から遠く離れた大地、例えばポルトガル、例えばチェコから拾ってきた小石を棚の社に納める、きっとバクテリア様が付着しているはずだという空想を根拠に、僕は二礼二拍手を繰り返す。約三十億年前に地上に出現したシアノバクテリア様は光合成によって生き続け水を使って酸素を生み出す、正真正銘の生命のご先祖様だと僕は思っている、ちなみにこのシアノバクテリア様は今もなおこの地球でご存命であられる。光と水を得た生命の始まり、まったくもって拍手〜なのだ。この拍手は世界の不思議様の為なのだ。

生命以前の地球に存在していた物質「鉄」も本当は興味深い。古来、道具や建物として使われているだけでなく、植物に入り込み光合成に必要な物質となったり、脊椎動物では血液の中で酸素の運び屋でもある。鉄分が不足すると貧血になるというがそればかりか、鉄は細胞やDNAでもなくてはならない存在だとなると欠乏したくない。いったい誰が考え出したのか、物質が命を支えるなんて、ひどく格好良い。誰かが何かをやってくれている。バクテリアから始まって人間に至るまでのあらゆる生命体生き物の仕業がこの世界を動かしている。人間ほど悪い奴は他にはいないが、人間の責任はどんな個人にも刷り込まれている、それが因縁なのだ。因縁のドラマ、それが生命の歴史だ。ハハ……。世界の何もかもが一個人と関係あるのだ。ハハ……。それが嫌ならカラダを捨てろ!!

2018/3/2

明日は何して遊ぼうか？

いつの頃からだか忘れたが、地球の重さは永久に変わらないのだ、と知ってひどく興奮し愉快でたまらなくなった。この愉快は今でもずっと僕の内部に生き続けている。よくそのことで厭世的にならなかったと思うのだが、僕の場合は地上に何が起こっても地球の総重量には関係なく地球号は太陽の周りをすっ飛び続けるということが嬉しくて愉快でたまらない。生命ある物と無い物とが共存して地球なのだ。カラダは死んで物になる、焼いても埋めてもだ。地球に混入し地球そのものになるのだ。コップに注いだ水とは見え方こそ違うが僕達のカラダには水が浸入しカラダそのものになっている、楽しい。植物達だって水分の蒸発を待たなければ物にはなれない。

ところで地球には太陽系宇宙の空間に存在する塵が成層圏を通過して降り落ちているらしい。燃えて落ちてきているのか、隕石も塵に含まれるのか知らないが年間四万トンの塵が地球に混入しているらしい。そんなこと、皆知ってるぜと言われそうだが、僕には最新の知識だ。四万トンとは随分と重そうだが、例えば山梨県内で一年間に出るゴミの重量が三十万トンくらいだから、大した重さじゃない、と言ってよいのかどうか、ともかくこれらのゴミの大半は地球の資源の姿を変えた物達だ、つまり原油・金属・木材などからできた物だ。回収されてどこに運ばれ何になるのか、仮に燃やされたとしても、炎となり煙となって空気に混入する物質に変化する、すごいじゃないか！　毒物に変容する恐れもあるので注意注意でもある。

江戸時代から続く東京の海の埋め立て、四十年近く前には夢の島と呼ばれていた、ひょっとして現在も夢の島は移動して存在しているのか知らないが、昔の夢の島に幾度かオドリに通ったことがある。多分東京中のありとあらゆるゴミが運ばれ姿を変えることなく海に沈められ固められやがて土（どこから来たのか、何やら匂いの強い土だった）で覆われ土地になる、そんなゴミの中でオドったのでした。

所有者名の残る書類や銀行通帳、衣類、家具、ワオーッ、生活のすべてが終了した品々、所属先を失くした物達。価値も理由も失った物達が地球になる。投げ込まれ圧縮されたゴミの台地に突き刺さった長い円筒の先にオレンジの炎が見えた、ガス抜き対策だった。いずこかからの廃土で覆われた水際に、横になってオドった、海水は悪臭を運ぶ泡で水面が破裂して僕の脳は生気を失いかけてオドリをやめた。

それでも地球の重さは変わらない。言い忘れていたが、宇宙からの塵で毎年四万トン増加する一方で、全体では五万トン減少しているらしい。詳細は分からない。つまり地球は無限の飛行を許されているようだ。地球の歴史そして重さからみたら不確かな五万トンくらい、屁でもない。愉快この上なし。人類は偶然の産物だという人がいるらしい。となればいよいよ愉快だ。僕はいずれ間違いなく物になり地球の重みに加わる、正式にだ。現在の生き物である僕だって地球の所有物だ。さてさて、限りある生命を生きる僕達の一生の豊かさって何なのだろうか、地球になる為に、塵になる為に、明日は何して遊ぼうか？

2018/5/25

オドリという空想行為

心の眼はともかくとして、見えるということは眼に見えるということ。よく見える、見えないということは目力のこと、この目力が欲しくて人はレンズを発明し、虫眼鏡、眼鏡を手に入れた。十三世紀後半に優秀なガラスの産地イタリア・ベネツィアで眼鏡は発明されたという。レンズそのものは元々太陽熱を集めたりする物として古く紀元前から石などを素材として作られてはいたようだが、よく見る・見えることとは、ちょっと違う方角か。レンズが物を拡大して見ることができることは古くから分かっていたらしい、が虫眼鏡があったかどうかは知らない、眼鏡の発明から約三世紀、オランダの眼鏡職人の父子が顕微鏡の原型を発明、以後急速に顕微鏡の進化は可視光からX線や電子レンズの発見、開発へと繋がり、現代では僕なんぞには理解不能な「高分解能原子間力顕微鏡」とやらが最先端の顕微鏡として宣伝されているが、絶対に見えなかった物事が文字通り新兵器として医学を始めとするあらゆる科学分野で使用されている。兵器・兵力つまり「力」の開発も世界中で争いのごとく加速している。又も脱線しそうだ。

NHKの連続テレビ小説『らんまん』で登場した牧野富太郎《まきのとみたろう》博士は非常に素朴な初期の物だろう顕微鏡を使って、植物研究の大先達として僕でも知っている程の奇人・偉人だ。本能にも近い好奇心が牧野富太郎を自然界の王、植物にその全生涯を費やす研究に誘った。羨望に値する人の一人だ。思えば、僕も子供時代、植物採集や昆虫採集に夢中になった時代がある、が、続けてはいない。飽きっぽい子供だと大人達には言われ続けているが、その通りだとも思うが、例えば植物に対する僕の好奇心は彼等・彼女達のこの地球上での在り様に、その多様な生き様に、そして人間という生き物との係わりに、他の生物との関係に、その大半は使われる、今もそうだ。恥ずかしながら名称や分類に僕の貧弱な知能を使うより、互いに知り合いとして、この世界で生の時をすごす、それで充分だと思った、今でもそうだ。

僕の利己的な好奇心は、昆虫にも鳥にも、太陽や月星、空に雲、そして水、ええ〜い自然界の全てに対して動くのだ。つまり人間という生物をも含めた僕らの地球上の有機的な在り様に、僕の好奇心は動く、だが利己的だ。人間社会はいたって非有機的だ、政治などは正に有機的な営みを支配し非有機性へと変換させる。おっと又もや脱線言葉になりそうだ。僕の好奇心の大部分は利己的で悲しいほど利他の域には至らない、雑学にも及ばない糞教養だ。だがしかし、僕の利己的な好奇心のいくばくかは、根太《ねだ》となり僕のカラダを支え生かしてくれている。たくさんの好奇心に支えられて、僕はカラダという環境と、皮膚という膜にくるまれた感覚の宇宙、そして「私」の在り処、それらをオドリという空想行為を体現させる為に、好奇心を本能に昂《たか》めようと願うのです。オドリは僕の唯一の利他的行為。好奇心を醸成する行為でもあります。

2023/4/21

単細胞だった命に遡れば

人一人のカラダの中には繋げると地球四周分になる程の神経細胞があるのだそうだ。これらの細胞が感じ反応し動き、動かし、僕達の日常・非日常の時間を満たしてくれる、まさしく神の経路だ。母の胎内で成長を始める人の始まりは先ず脊髄からだそうだ。背中から脳へと人の神経細胞の形成順路は決まっている、つまり人は魚類を先祖としていることが明らかである、ということだ。これは、胎児の頭部が形をとり始める頃、魚の顔のようになることで合点できる。この頃の胎児には四肢にまで末梢神経が至っていないのだろう、魚の時代にはヒレであったものが人の場合には手足となる。母のカラダから切り離される、その瞬間までの十月十日《とつきとおか》のうちに人は人のカラダの進化の歴史をたどる旅を終わる、と言う。この進化の多くの節目に神経の体内地図完成までのプロセスが同行している、何と微細で宇宙的なことか。

母の胎内から生まれ出て、僕は「私」になったのかというと、そうでもないようだ、幾年《いくとせ》かの時を要して僕は他者との境界を知るようになり、自分という意識をもつようになる。此の世には時間がある、だからだろうか、僕達人は、唯一無二の個人として誰しもが此の世に登場する。それもホモ・サピエンスという人類の一種としてだ。さらにおまけで全員一人残らず同じ進化の道をたどって現在、此処に居る……気がつくと、僕はいつも此の世に生まれてきたことの元の元へと好奇の歩行を繰り返している、呆れる程にだ。

物質だけで成り立っていたこの地球に生命が生まれ、果てしない時空間で生命は偶然と必要に導かれて驚きの進化を続け、多様で満ち満ちた生命圏を創造してきた。奇跡のさなかに僕達はいるのだ、と思う。この歩行、過去に向かっているのだが僕は人だから後ろにも前にも歩ける、過去へも未来にも空想の旅ができる。思わず「人」と書いてしまったが、この種《しゅ》としての人であることが自ずと不自由でいて雑然とした目線を、自分にも他者にも向けていることの嫌～な気分になる。

僕の始まりは単細胞だったはずなのに、今や何だこの様は。服を着ることが病気だった、と言う詩人が居たが、この服は人という壁なのかも知れんと、感じながらその詩を朗読したものだった。人のカラダは素晴らしい。生命の始まりから絶えることなく続いてきた自然の鏡・自然の証明、その夢。細胞の分裂その必然的進歩と案配の良い容量と機能性、加えて神経細胞のネットワークの神業《かみわざ》。カラダはすでに心という土台をもっていたのではないか、と思ったりもする。
カラダの形とは細胞の数ほどの微生物と共存することで成立している、この事実こそ人は思い知るべきだ。自意識という精神の壁は深くて暗い。野坂昭如さんの「黒の舟唄」をご存じか。「男と女のあいだにはふかくて暗い河がある誰も渡れぬ河なれどエンヤコラ今夜も舟を出すRow & Row……」。機会均等・男性優位・男目線・眼球優位・能力優先・グローバリズム・国益・自由選択・イエスかノーか。AIはほどほどにして文明開化をやり直せ。自分探しよりカラダの本気に対面せよ！　戦争反対！

2023/5/5

「僕は××億七十一歳です！」

僕のカラダは無数の細胞によって僕の形をしている。細胞は生きている。だから僕も生きている。一個一個の細胞はそれぞれの組織・部署に所属して休むことなく働いている。脳と心臓、肺と胃腸、そして生殖機能、みんな細胞の集合がそれぞれの働きを可能にしている。

てのける。

驚きだ。細胞は生き物だから死ぬ、しかしカラダの形と機能を損なわないように一個の死を補うように生死を繰り返している、それもすごい速度でだ。神経や血液は全身くまなく走り廻り「循環」とか「流れ」とか僕達が簡単に言葉にしていることを奇跡的に「普通」にやってのける。

僕は、カラダのことを書いたり喋ったりすると子供みたいになってしまう、驚きが常にあるからだ。きっと理路整然としたらたちまち忘れてしまうからだろう。カラダを忘れてしまうことが恐ろしい、といつ頃からか想い続けるようになった。理由は簡単だ、「私」という認識が生まれたのは他でもないこの僕のカラダの中でだ、どことは言えないが間違いはない。映画『君の名は。』（監督・新海誠《しんかいまこと》）で一番嬉しかったのがこの点だった。カラダこそが僕に与えられた環境であり、その環境と僕は一つの世界をつくり「生き」ているのだ、ということ。このカラダの交換は大昔からの人間の大切な空想の一つだった。

「精神と肉体」などというまるで二つに分けられるかのような思想が語られて久しい。僕も影響を受けた。だが科学はそれまでの遺伝という概念を遺伝子情報DNAの発見で塗り替えた。「僕は××億七十一歳です！」と永六輔《えいろくすけ》のように堂々と言える時代になったのです。僕達は世界・宇宙という環境の中に生まれてきた。しかし一番身近な環境であるカラダを他の生き物や自然を見るようには見ていない、どうしてだろう。言葉にたくさん残されているように人間は他の生き物の真似をし学び教訓にしてきた。オシドリ・ハト・ツバメ・トラ・キツネ・シシ、切りがない、しかし一番近くの自然環境カラダはどうだろう、あまり例が見つからない。社会構造の中にカラダの構造を模して、心臓とか脳、動脈が使われることがある、がカラダは、はるかに複雑で奇跡的だ。一個のカラダには細胞をはるかにしのぐ数の菌が生きている、例えば腸内フローラという言葉の背景には何と百兆を越す菌が、それも名前まで付いた肉眼では見ることはできないが生きている連中がいるのだ。

僕は四十年以上前からアメリカに出入国している。回数は五十回を越える、入国審査の用紙で必ず嘘をつく項目が一つあった。それは過去半年の間に農地にいたことがあるかというものだ、きっと菌の移動を恐れてのことだと思うが、人間以外の生物は、ヒトの歴史以前から越境を繰り返している。それが今の自然だ、自然の現象・行為には作為はない。一個の人間のカラダ、その中の自分。そして人間という無数の存在、そして国家という境目。どんな小さなアクションも境目の影響を受けるようになってしまった。カラダ！　どうする。

2017/2/10

伝書鳩のむかし話

紀元前三千年頃には、エジプトですでに通信用として鳩が使われていたらしい、伝書鳩のことだ。飼育可能な鳥の中から鳩が選ばれ、以来、淘汰を重ね、優秀な血統の伝書鳩が世界中に広まった。飼育地から遠くへ運ばれ、かの地から空に放たれる。一心不乱に家、つまり鳩小屋目指して帰る、この帰巣本能と飛翔能力が古代から認められ大切にされてきたようだ。足に文をつけられて運ぶので伝書鳩と呼ばれてはいるが翼の間に軽量の物をくくりつけられる場合も多かったと聞く。緊急の場合の通信手段としては速くて確率の高い方法だったのだろう、何しろ時速八十キロで一日六百キロも飛んで帰るのだ、もちろん人より速く馬よりも速い、千キロ彼方からも飛んで帰るのだ。

陸続きのヨーロッパで大いに発達した伝書鳩はやがて夜も飛べる夜間鳩、そして二地点間を行き来する往復鳩など特殊能力を訓練で磨かれる鳩の群も出現する、もちろん戦の為だ。おびただしい数の鳩が戦争の為にその能力をもって尽くしきった、彼ら彼女らを軍用鳩と呼ぶ。文書の運送にとどまらず緊急の薬品やフィルムなど軽量な物資の運搬も担った。

日本には江戸時代にヨーロッパ人とともに入ってきたようだが、その後の歴史はあまりよく知らない。第二次世界大戦におけるイギリスでは何と五十万羽の鳩が軍事用として調達飼育されていたようだ、すでに通信機器、中でも電話は発達しているにもかかわらずだ。勝つ為の手段を選ばないのが戦争、人間の陰謀、策略の渦中で任務を遂行する為、一心不乱に空を飛び続けた軍用鳩の歴史を僕が知ったのは中学生に成りたての頃だった。

幼少の頃から、犬猫はもちろんウサギ、ヤギ、ネズミ、昆虫、野鳥のたぐいを飼育していた僕が、当時男の子の間で流行した伝書鳩に熱中したのは必然だった、鳩も自然の仲間だった。が、血統書のある生き物を飼ったのは初めてだ、いきおい血筋というもの、遺伝ということに興味が動く。僕が手に入れた鳩の二代三代前、つまり祖父母や曽祖父母の中に明らかに軍用鳩の血筋の名が記されている、飼育者の名とともにだ。鳩に関する読み物ですでに僕の知識にその準備はあった、僕の好奇心は血筋の交配とその能力の遺伝に向いた。それを実験、実証するのが鳩レースだった。

かつて伝書鳩と呼ばれていた鳩が速さを競うレースでその能力を問われ過酷な淘汰にさらされる。同一地域で集められた鳩達は放たれる地点、つまりレースのスタート地点に貨車に乗せられて運ばれる。一斉に放たれた鳩は自分の小屋を目指して懸命に羽ばたく、東京から百キロの宇都宮からは一時間ちょっとで帰ってくる、何という速さか。家の周囲の空を見上げて鳩の帰ってくるのを待っている僕の気持ちは今でも上手く説明できない、何とも不思議な感情だった。当時すでに鳩は平和のシンボルといわれ、いろいろな祭典で多数の鳩が一斉に放たれ空を舞った。例えば国民体育大会の開会式。確かにスポーツの祭典が多かったように思う、何故なのだろうか？

2018/10/5

「何故」や「不思議」が無い世界

人間の赤ちゃんの首は、産まれたての頃ひどく不安定で壊れてしまいそうにフラジャイルだ。首の後ろを頭部まで支え、ぬるま湯の中で赤ちゃんのカラダを大事にやわらかく洗ってあげたことを昨日のことのように生々しく細部まで思い出す。元気に張り出した胸、手足は活発だ、だが頭部の重さは産まれて間もない赤ちゃんにはそれこそ過度の重荷なのだろう、胴体と頭部を繋ぐ首の怖いほどの弱々しさに注意をし、恐る恐る赤ちゃんのカラダを一つにして抱っこしたことがなつかしい。

つい先ほどまで母のカラダの中で羊水に守られ暮らしていた赤ちゃんが、決定的に生きる環境を母から離れた地球上に移し、空気をその口と鼻から呼吸して呼吸というシステムを体得した瞬間からまず地上の生物になったのだ。頭部と胴体が一つのカラダとして繋がったように首が安定した強度を得る（首が据わる）までにどのくらいの日時を要したのだろう。赤ちゃんは日々、頭部の重さを自ら支えカラダの一番上にそれを位置する術《すべ》を獲得しつつ、やがて直立歩行を始めるのだ。

自分の子供という事実より人間の赤ちゃんの誕生から成育の過程への生命のすごさに、僕の好奇心はフルに活動していた。「父親」という立場や責任、もろもろ全てを忘れて、嫌いな言葉だが観察していた。生命への驚きと好奇心、敬意は小さなときからずっと続いている僕の生活態度、生命をもってうごめく者、虫や鳥、動物、草や木、僕の遊びのほとんどは僕の外側に存在する生命を知ろうとし感じようとすること、それが僕自身のことだった。遊びが学習だった、と今では思う。無数の不思議のただ中で幸福な僕は多数決や決心が苦手になったのだ、今でもそうだ。だから孤独とは不思議とともに息をすることだ、だから寂しくなどなく、競争におびえる必要もないのだ、と、このように思考したとは思わないが、遠からずだ。

鳩は何故二個しか卵を産まないのだろうか、鳩は何故ミルクで赤ちゃんを育てるのだろうか、不思議で素敵だ。鳩の飼育で得た僕の不思議コレクションは、人間社会でのバランス感覚に腐心する僕を、子供の頃の僕の気分に連れ戻してくれる。「何故」を失った「当たり前」の世界で人間は生きてゆくことができるのだろうか、戸惑いの無い時間の連続に僕達の感情は耐えられるのだろうか、人間は本当に人間になって地球と共存共同しているのだろうか、「僕は地球生物の一つとしてこの世に生まれた、そして人間という生き物であることを知った」ことから始まったのが僕の意識の背景であること、そして僕の「何故癖」の根拠であること、これが僕の「ラッキー」なのだ。

家から六百キロも離れた青森県野辺地町《のへじまち》、汽車で運ばれていった僕の鳩が他の多数の鳩とともに一斉に空に飛び立つ、夕方までには帰ってくるはずだ、何故！　不思議の闇を突き抜けて見知らぬ空を飛び続けて、鳩は僕の不思議に答えるように、迫る夕方の屋根の上に登って君を待つ僕の眼に米粒のような君がはるか上空に姿を見せる。急降下する君を見て爆発しそうな僕の心にあったのは不思議という感動だった。

2018/11/30

第七章

人間なのだ

「気」になる

遠くからこちらに向かって歩いてくる人がいる。縁もゆかりも無い人なのに何故か気になってしまう。「気・き」一文字・一音に、なぜ人間はとてつもなく大きな意味を担わせてしまったのだろうか。「生命・意識・心などの状態や働き」(大辞泉)とある、これで僕達の日頃の精神活動の殆どが気で占められてしまう。いやいや精神活動だけではない、空気・天気・気合・元気……見えないけれど確かに在る現象の多くに関係している。存在しなければ人間の、否全生命の生存が保障されない空気にまで気が使われる。

遠くから歩いてくる人の様子が気になろうがなるまいが、僕の一生には関係ないと言うこともできる。しかし、気になってしまったのだ。他者に分かる言葉では説明しきれない何かが僕の内でうごめいてしまったのだ。記憶? 経験? 因縁? 運命? どれも決定的ではない、しかし単なる偶然と思って僕自身を客観視するような醒めた人では僕はない。さて「歩いてくる人」は間違いなく、人に見られていることを気付いてはいない(ここでも気、だ）。つまり意識はカラダの内側にある、どういう訳なのか分からないが雰囲気があるのだ。「あなたがグレーに見える。美しい！」などと語りかけたら、きっと彼・彼女は戸惑うだろうし怒るかもしれない、でも、もし「イエス！」と答えてくれたら、僕はスキップしてその人の横を通り過ぎるだろう。

眼には見えないけど、見えている、見えてくると思える物事が世の中には存在する。人の世の最大級の財産だと思っている、でなければ日本の話芸も存在しなかったろう、もっと言ってしまえば「詩も歌も」生まれなかったに違いない。視覚を疎んじるのではない、人の眼は心があるから維持できているのだ、と言いたい気持ちが僕にはある。ハイビジョンのような眼で僕達は物事を見てはいない、もっと見えているからこその塩梅を楽しんでいるのだ人間は、と開き直りたい気分だ。

「空気を読む」という言い方が流行してきている、気をつけねば！　はやり言葉の多くがカラダの感覚の摩耗・消失を訴えている警鐘のように僕には聞こえてくる。「空気を読む」素敵な言葉なのに、読める人、読めない人のように差異を表す方に横すべりする、これも風潮なのか！　「見えない・分からない」が念仏のように、まるで個人の権利であるかのように話されるのがハラダタしい。人間以外の生き物達の眼が、もしハイビジョンのように鮮明になったら、人類は一網打尽でやっつけられる。間違いない。見えない物事に対する良心こそが人間の証拠だと、僕は思いたい。

人間の業を見つけた

2016/1/29

オドリも芝居も落語も、歌も、皆表現、沈黙も暴力も、戦争も、表現。「おはよう」の一言にもその人の表現は窺《うかが》うことができる。テレビを見れば表現だらけ、ネット社会はもっと表現に溢れかえっている。意図する人もしない人も表現をしている。「表に現れることをする」ことが表現なのだろうか、厄介な話だ。「表に現れないことをする」ことも立派な表現と言えないこともない。厄介だ。

「表」って一体何だろう、世の中、社会、人の世？　ならば「裏」は、「裏現」なんて言葉はそもそも無いのに何となくその存在には誰もが気付いているのが風潮。「表と裏」「嘘と誠」……きっと切りが無い程二つの言葉は対になって人間社会を説明してくれる。僕は、この二つの言葉にはさまれて、どっちに行ったらよいのか、それこそ表現できずに周囲の同年配の成長に取り残されてしまった「子供」だ。この子供は現在も僕の中で生き続けて恥と誇りを教えてくれる。

二つの言葉の表と裏、イケメンとブ男、健康と病気、陰と陽、ハレとケ、祭りと日常、善と悪、二つの性。すべてが真実で現実だ。そしてたった一個の人間の誰もが例外なくこの対《つい》の間にはさまってうごめき、喜怒哀楽を表出してきた。よるべを求める業《ごう》の解釈、業の緩和だ。哲学も宗教も芸術もそう願ってきた。科学はどうか、無垢《むく》と破廉恥の両極にはさまり美談が頼りだ。強さと結果、数値に執着する政治は、人間の業をどう思うのだろうか、この頃の政治はまるで僕達を国内に居ながら入国審査しているかのような気配だ。スポーツを振興しアートに冷酷な政治は恐怖だ。権力が権力に頼るおもねる、これほど格好悪いことは無いと、「子供」の僕は思う。

脱皮することをやめた生物哺乳類の一つ人間は、業からは逃げられないのか、業って運命、それとも性格、ＤＮＡ？　生まれ直すことのできない人間は、哺乳類の王者人類は、どんなワザを見つければよいのだろうか。人工知能じゃお粗末すぎる、いや、不足を補う働きを人工物に求めるのは当然だ。が、補充や代行を越える知能を何故人間が必要とするのか、「人類はまだ業に右往左往しているのだ！」。政治には裏がある、裏金が動く、やはりそうか、オリンピックもそうなのか、いやいや人間のやることだから、そういえばサッカーも、私のところは大丈夫、だって。確か東京では「おもてなし」だったな、つまり「表無し」か。何とも無様だ、ザマーミロ！　これは僕自身にも向けられた矢印です。

2016/5/20

現代人の痛み

むかし、「他人の痛みについて話そう」と寺山修司に誘われてシンポジウムに参加したことがある。何ひとつ話すことのできなかった若くて無知な自分を思い出す。現在でも大して当時と変わらない自分の未熟ぶりに、怖《お》じ気《け》付く始末ではあるが、無知で疑問だらけだった自分はもう居なくなったのか、と怖くもなる。「他者の痛み」と、口に出してみても、何ひとつ分かるわけではないのに言葉は僕を責め立てる。僕は一個だ、一人だ。

「自分の痛み」についても僕は臆病だ、程度が分からないから困る。おまけに子供の頃から父親に「大げさなこと言うな！」と言われていた。大げさかどうか本人でなければ分からないのに、と逆らってはみたが、いつの間にか我慢強い子になっていた。「痛み」を表現する

京都太秦にある松竹撮影所近くの中華料理店にて

のを戸惑う子になってしまった。自信よりも不信、決して強い子ではないのにおかげでいじめられっ子だったのに、逆襲も試みず、自滅することもなく成長することができた、と思っている。

カラダの痛みも心の痛みも混ざりあってその境目を不明にするほどに現代の痛みは成長してしまった（？）。生活にも痛みはあり、人の関係にも痛みはある。「痛み」は「傷み」「悼み」とつらなる。有史以来の人の数ほどの痛みが、消費と抹殺の歴史とからみ合って存在する。そう、「痛み」の話はエンドレスだ。痛みは大海原に流れこみ、大空に蒸発して毒になり餌になりしている。あるいは人々の感情を逆立て、心の奥深くにとどまり灰となり土となるだけだ。流行る言葉で痛みは消える訳でもないのに、一刻を通過する「癒やし」、変な話だ。

これもむかし、YBS（山梨放送）のドキュメンタリーで「金子光晴《かねこみつはる》」をとりあげる、と荻野弘樹《おぎのひろき》ディレクターからお誘いを受けた。半年かけて金子の勉強をした。僕にとって願ってもない勉強のチャンスだった。詩人金子光晴は、傷み・痛み・悼みの人、と僕には思えた。「痛み」は「怨み」や「暴力」へと自然に繋がる。だが、人は、人類は他人の中身を受け入れる想像力、他者意識を育てた。金子光晴は他者で腹いっぱいの孤独な人なのだ。この他者意識を知性として人が持ち合わせていなかったらとうの昔に滅びていたに違いない。金子の内なる他者達は「詩」として金子の外に飛び出した。僕は番組の中で数々の金子の詩を朗読した（生まれて初めての人前での朗読だった）。金子の他者達と息を合わせて僕の内なる他者が怒っていた。金子の奥深くの傷や痛みは人を変えて、個人を越えて飛び出してくる。知性とは体裁のよいものばかりを言うのではない、ときには格好悪く常識をくつがえすものなのだ。「いつになったら」人は他者意識を育てることができるのか、手遅れか！

2016/11/18

「種のルール」は無いのか

現在、僕はニューヨークに居ます。えんぴつを握り原稿用紙に向かう、四月十七日の夜半二時、日本は十三時間向こうに在るから十七日の昼三時。四十年程僕は回転する地球に乗って頻繁にこんな時間調整をやってきた。大昔の人々が不思議に思い、恐れすら抱いていた一日の変化、陽が昇りそして沈む、月は変形しときには太陽に喰われる。さぞ不思議だったろうと思う。今では地球が自ら回転し太陽の周りを突っ走っているのは周知のことだ。これを知っているのは人間だけなのか？　ちょっと残念だ。地球は殆ど軌道を変えずに太陽を中にして飛び廻っている、つまり地球の重量は変わらないのだ。人間の数の増減や巨大ビルがニョキニョキ建とうが壊れようが地球の重さは変わらない。水の量も変わらない。大気に包まれた地球という全環境が人間を含めた全生命の場だ。

日本を十四日の朝に発って、ニューヨークに同じく十四日の昼に着いた。ニューヨークに移動する僕を追いかけるように熊本の地震のニュースが届いた。仰天しない自分をやや恥ずかしく思いながらも（もう驚かないぞ！）と心で繰り返していた。二十一世紀最初の大ニュースが9・11だった。新しい世紀を経験できる自分を誇りに思い、世の中は変わるんだ、と期待していた矢先のテロだった。二十世紀も続いてきた人間社会の新たな世紀の幕開けがこれか！　と思ったものだった。人間は、どうして人類独自の掟を未だに確立できないのだろう、「種《しゅ》のルール」がどうして存在しないのだろう、すべては見せ掛けなのか？　子供のような気分で想ったものでした。

僕達は自分の心や身体の変化には敏感なくせに、自分以外の物事に関しては、そこにとどめて記憶する習癖をもつ、もっと悪い言い方をすれば「世界は一瞬も止まらずに動き変化しているのだ」という原則を未だに認めていないのが人間だ、と言えなくもない。「変わるん

2023年12月、チェコのプラハ、オンドレ・フラブ率いるArcha theatreが幕を閉じた。
革命後にできた先駆的な劇場で著者は柿《こけら》落《お》としを担い、
その後も幾度となく公演、最後もオドリで飾った。

だ」と言っておきながら自分は楽な制度の内で安穏としている人間の何と多いことか。
百五十億年、地球は動き続けている。まるで生きているように変化し続けている。どんなに物を消費して墓場に送っても、地球は物のようには止まらないのだ。僕達は山や、海や川や樹木や生き物と相談しながら僕達の生活圏を確保してきたのだろうか？　道路を造ってきたのだろうか？　家を建ててきたのだろうか？「想定外」なんて言葉が定着してしまった。無数の驚天動地の苦痛と実感の歴史に蓋をして何を言ってるんだ！　と言いたい。福島は未だに想定外なのか！　他者の痛みに見せ掛けの対応しかできない輩《やから》は「生き物」以下。僕は覚悟してそして愛情をもってこの島で暮らしているんだ。

2016/4/22

僕の中の子供

二〇一八年春、韓国春川《チュンチョン》市に滞在した。聞けば冬季パラリンピック開催中（だったはずだが、街にはその気配皆無）の平昌《ピョンチャン》市からそう遠くはない街に、韓国映画に出演する為、出かけてきた。スタッフも出演者もすべて韓国人という環境で、久々に一人で考える時間をたっぷりと抱えながら映画の中の人物に成る為の時間の色々を楽しんだ。

にしてもなぜパラリンピックを少数の側の祭典にとどめ置くのだろう、多数の側のオリンピックの百メートル競走のすぐ後にハンディをもつ人達の百メートル・ランを披露することを空想すらできないのか。ハンディがあることがたまたまでしかない少数者達をなぜ一つにまとめて囲ってしまうのか、多数の側の人間こそが乗り越えるべきハードルがそこにあるのに、なぜ、と僕は思う、なぜなら彼らのたまたまのハンディこそが、人間のカラダの純粋さと心の奇跡を証明するものだからだ。勝ち負けの行方より見るべきものがそこにあるのだ。

子供の頃、あんな大人には成りたくない、と思っていたような、そんな大人ばっかりの世の中になってしまった。例えば、友達と並んで歩いていて、フッと足並みがそろっているとき、何とも嬉しくなる、でも長続きしなくてよいのだ、それぞれの好奇心が常に優先し、それが許される。子供は知っていたはずだ、常にではないけれど、誰とでも気が合う瞬間があることを。

韓国にいたとき、七十三歳ということになったのだった。とんでもない時間だ、一体何をしてきたのか、いやいやそんなことは考えても無駄だ、このえんぴつを握っているだけでも、時間は過ぎてゆく。僕はオモテ見は老人、他人は七十三歳という数字で十分に僕のイメージを固定できる。だからといってどうってことはない。このカラダの内側には前述した成りたくない大人の標本と戦っている子供の僕が遊び廻っている。僕は未だに嫌な大人に成りかねない、だからこそカラダの中に子供を養成したいのだ。変なこと言ってる爺さんでもよい、戦後七十何年と、僕の年は常に終戦敗戦を思い出す年齢だ。

僕は、韓国にいた、朝鮮戦争で分断された南朝鮮・韓国にいた。未成熟？　いや成熟したくない僕にとって、韓国にいだく複雑な気持ちを表現するのは難しい。数日間通訳をしてくださったイーさんに、やっと韓国に来た気分だ、と打ちあけたのでした。歴史を承知しているにもかかわらず僕の（この気分は僕か？）内に生じる無数の泡のような湧き上がる動き、とまどいのような後ろめたさ、この気分を押さえて正面を向けるような人間でないことは確かだ、嬉しい気さえする。

あまりにもたくさんの言葉が頭の中はもちろんのこと、心の中をも飛び交っている。きっと大地の強さなのだろう。ここなら僕のカラダを蒸発させることができる。フッとそう思う。川の流れは広くゆったりとしている、過去の韓国体験には水の存在すら希薄だった。一体何を見ていたのだろう。僕の内なる子供を失うことなく未知の七十三年目を生きるショッパナの体験が韓国の地であったことに大感謝。

2018/3/16

地球人というID

自分で話したことも、しっかりと読んだことも、友と話し合ったことも、残念ながらそんな言葉を記憶するのが酷《ひど》く苦手だ。どういう訳なのだろう。約束事や新聞などの見出し程度の言葉なら難なく覚える、が長く記憶する必要がないものは用が済めばたちどころに記憶から去る。詩や小説、ノンフィクションや哲学書、ギッシリと文字の詰まった本を、何とたくさん読んだことか。書棚に並べた本の背表紙を見ればちゃんと読んだものとそうでもないものの区別はつく、が内容は、というと何ともおぼつかない。粗筋《あらすじ》くらいならおおよそ取り戻せるのだが、肝心の僕の心に届いた響いたはずの言葉達が帰ってこない。一体何処に隠れてしまったのか。青年の頃、五十年前頃か、言葉がカラダに降りる、とか、肉化する言語、などの形容が仲間内で使われていたことを思い出した。

殆どの人間が一生の内に自分から外に出す出せる言葉は、その人の頭の中をうごめき廻る言葉の一パーセントにも届かないのではないだろうか。遠慮したり、引け目を感じたり、自信がなかったり、矛盾を恐れたり、押し殺されたり、咎められたり。相手がいなくても僕達の言葉はいつも他者を空想し言葉のゲームを繰り返す。

さてさて言葉は良かれ悪しかれその初め純粋であった。数を増し大きくなったヒトの群には音ではなく言葉が必要だった。体力を上回る力が必要だったのだと思う。言葉の出現以前のヒトの日常に、日常の交感にオドリが音が必然であったことは言うまでもない。生物界での、自然の中でのヒトは絶対的少数者であったに違いない、常に感覚を開きカラダの外に時に混入し時に反応し未だ安定を知らない存在であったこと、つまり乱調のさ中にこそオドリと音は存在していた。

オドリと音の進化はヒトの脳の発達をこそ促した。オドリと音は自然の内奥に踏み込み、より観察学習を深め模倣を昂めることで言葉を群を主導させるべく技として発展させていった。ヒトが個々の違いを認識しヒト同士の関係を俯瞰できるようになり差別化が始まるのだ。同時に継承という哺乳類的方法もヒトは手に入れる。

面白くてたまらんが、言葉が巨大化する群をリードする力が必然的に得たものなのか、偶然なのか、そしてそれはどんな意味の言葉だったのか、どうせ万余の年月を経てのことだから単純ではないことは確かだが、にしても支配という階級と差別故のしわ寄せ不満不足を抱えた似非安定が一万年余も続いた末の現代まで、言葉はおおよそ漂流寸前の国家主義と呉越同舟。そんなはずはない言葉の、正念場はこれからだろう。彼岸の沈黙の内から、ひょっとして小舟に乗った言葉がポリメトリックな音とオドリとともに此岸に旅立つ日が来るかも知れない。この世はどこまで変わるのか、誰か知ってるかい。僕にはそのときを見届ける余裕も自由もないが、地球人という僕のＩＤは誰にも見せず渡さず僕と一緒に消滅する。マイナンバーは君にあげる、上手に使えよ、どうせ何ももってないけどね。

2023/7/21

檜山節考

六十年も昔、僕は中学一年生だった。自分の生きてきた時間に「も」とはあきれるが、目覚ましの電子音を素早く止めて朝四時三十分、二週間前と同じように、原稿用紙に向かいえんぴつの、それもひどく短くなってしまったえんぴつの、この頃ではえんぴつそれもＢとか２Ｂのそれを買うのがちょっと大変になってしまったなどと思いながら、長めのキャップの付いたえんぴつの芯を尖らせようと思うがまあいいか本体を回しながら書けば大丈夫だろう、と消しゴムを手の届くところに置いていよいよえんぴつを動かし始める。と、ここで五時三十分目覚ましに手を伸ばし音の始まりとほぼ同時にボタンを押した速度は何だったのか、ウロウロととりとめもなく頭の中は起き上がりざまの悪さとは裏腹に勝手に加速し、中学一年生のときのことを思い出したりしている、一方で十代の終わりから二十代初めにさかんに読んでいた野坂昭如の句読点ムチャクチャの文体に倣《なら》ったわけでもないのに何故か懐かしく楽しんでいる。

六十年もの「も」は消しゴムで消し去ればよかったのだが、そのままにすることにした。時間なんてゴム紐みたいなもんだ。で、六十年昔中学一年生の僕は教室にいる、同級生五十人くらいだったか木造校舎一階の端っこの教室だ、廊下に出ればすぐグラウンド、体育館なんて無いから僕がイヤイヤやっていたバスケット部も毎日石拾いから始まる土のバスケットコートだった。今日は調子良く脱線するが教室に戻らねば初志がてんぷくだ。先生の名前は何とか左近という家ではお坊さんをやっているという国語の先生だ。中学生になったばかりの、そうだきっと最初の国語の授業だったのだ、英語、国語、数学、理科……と先生が皆違う。何でも教えてくれた小学校の担任とはまるで異なる勉強の仕方が始まって間もなくのことだった。

その最初の国語の時間、前後は思い出せないが先生は本を僕達に読んで聞かせている、深《ふか》沢七郎《ざわしちろう》の『楢山節考』だ、きっと前説があったのだろうが覚えていない、それに一回の授業で読み終えるわけがないのだから、二回三回と続いたのかそれとも母に頼んで手に入れて読んだのか定かではない。でも僕の脳内の映像には眼をつむって夢中で耳を傾けている自分と前方で椅子に座って眼鏡をかけた立花左近《たちばなさこん》（そう！　今思い出した。ふざけた名前だがきっと本名ではない、ひょっとしたら橘だったか）が心を込めて朗読する物語に僕のカラダ全体は何日も何日も占領された。生まれて初めて知った本格的小説というもの、それも心を込めた朗読、何という幸運だったろう、小さなときから大人を観察する癖の強い子だった僕は、ヒトの性格、運不運にいつも同調し学習していたような気がするのだが、この『楢山節考』は、決定的に「人間」を考え続けるという楽しみと悲しみの両方を僕につきつけた「創造的表現」との出合いの始まりだった。

深沢七郎、山梨県石和町《いさわちょう》（現笛吹市）生まれ、一九八七年八月十八日没。ギタリスト、小説家。七十三歳で亡くなった深沢七郎の年を僕は抜いた。だから「も」などと不用意にもしてしまったのか。創造は自由の為にあるのだ、そして強情の為にも。

2018/7/20

「人の数だけ答えがある」

パラリンピックを応援・支援する大企業のテレビコマーシャル、映像の終《しま》いに「人の数だけ答えはある」というテロップが画面に流れた。音声にはなっていない。文字を追った人にしか言葉の印象は残らないのだが、このあんばいに僕は感心してしまった。数人のハンディをもったアスリート達の映像のしめくくりにこのコピーは流される。登場するアスリート達は疑うべくもなく自ら人生を選んだ人々の例題として登場する、僕は驚き心動かされる。そこに「人の数だけ答えはある」と言葉が流れる、美しい瞬間だ、納得しないわけがない。でも、と僕は思ってしまうのだ。誰かが作った（まさか人工知能？　そんなはずは！　でも！　でも！　でも！）このコピー「人の数だけ答えはある」、これ程現実の世の中と遊離し、差別感を地ならししてしまうコピーがあたかも大多数の人々の心に納得し寄り添う気分をもたらしてしまうとは、やはりおかしい。

多少の例外はあるが、僕にだってニュースには常に好奇心も勉学心もなくならずにある

(芸能ニュースや博打ニュースは例外かな)。興味は沸き起こる。ニュースと言うくらいだから常に最新の物事が僕達に知らされる、本当に有り難い。だがニュースが情報に移行する辺りからメディアの性質がはっきりとうかがい知れるようになる。つまり事態をどう扱うか、だ。ニュースのその後はニュースではないのか、知らされないということは忘れろと言われていることに等しいのでは、とヘソを曲げ腹を立て悶々としてもインターネットで探し当てる行為とは随分と違う。知らされるべきことが世の中にはもっともっとあるのでは、と思うのに、何だか減少していっているように感じるのは変なのかな。

例えば、障害者雇用数の水増し事件、このニュースにどれ程多くの人が衝撃を受けたか、当事者はもちろんのことニュースに携わる人々も知るべきだ、でなければ、悲劇だ、と思うのだがニュースのその後は意外と伝わってはこない。どうしてこんな事態が起こるのか、ルールが制定されているにもかかわらず、だ。罰則を決めてないからか、それが訳ならば直ちに罰則を決めるべきだろうが、どうもそれほど幼稚ではなさそうだ、もっと根源的な知性の欠如のようだ。自ら望んで障害者になったのではない、言わずもがなだ。身体障害者は無数の偶然の一つに見まわれた一人一人の人達だ。僕達の生は常に全人間の生を認識することで成立している。テレビコマーシャルでは「人の数だけ」と言う、つまりすべての人ということだ。今回の水増し事件で「答えの一つ」を見つける機会を失った、奪われた人々のことを当事者達はどう自己処理するのだろうか、現代は改める改革の時代？　改める前に言い訳しか聞こえてこないのは何故なのだろうか、前進や成長や成果といった言葉が次々と流行のように現れては消えてゆく。最近では結果を出すことか。言葉はもはや流れに乗るしかないのか。さてさて、「人の数だけの答え」を「答える場」はどこにあるのか、答える自由は本当にあるのか、この質問に答える者はどこにいるのか？　いい加減にしろ。

2018/9/7

二〇二一年、坂本龍一「TIME」

十年に余る三里塚闘争を経ての成田空港の開港は一九七八年。昔むかしだ。おびただしい数の人々、地権者・農民・学生・警察官などなど、闘争の矛盾と不手際と犠牲の積み重ねに痛み傷つき疲れきったさ中での開港だった。強行開港の緊張がまだ生なましい翌七九年成田空港闘争と呼び名を変えたあたりの気配物々しく警備と検札の連続の中、矛盾も痛みも感じさせない近代的な出発ゲートまでの道程に名状し難く気持ち疼《うず》きそれを表現しない分だけボロになったカラダでアメリカ行きの航空機に乗った、ホノルル経由のニューヨーク行きだった。ホノルル空港での入国審査の長蛇の列、人流整理の係員の強権的態度、小さな頃映画館のニュースで見たことのある入植者や移民の行列を思い出す。審査官の早口米語の問答無用の勢い、忘れることのできない数々の光景。少しでも怪しい者は通さない移動させない世界共通の昔ながらの水際作戦。境界線の問題に初心《うぶ》な疑問と憤りを抱いていた僕は、ニューヨーク行きの座席で一人、小さくなって内省していた。と、以上は六月十二日成田空港への道すがら何故か記憶を鮮明に振り返り振り向き確かめていた。

開港から四十年以上、何度成田空港から外国の地に向けて飛び立ったか。残念ではあるが自慢でもあることには僕は観光に出かけたことが一度も無い、常にオドリか撮影の為に空を移動した。こたびも例外ではない、が今までとは決定的な違いがあった。それは言うまでもなく世界中がコロナ渦中だということと、加えて東京は緊急事態宣言の期間中だ。人の内にも外にもモヤがかかったような趣。

思えばコロナ以前、幾年か前から、いやずうっと昔からかも知れないが、人を保護する過剰とも思える制度がカラダの内外の余白に増殖を続け、それらは常識に流れ込みさらには「閉塞感」という言葉に集約されたようだ。「閉塞感」は日々伝染感染し日本中に広まっていったように思う。「つまらない、不自由だ」も常識になりつつあった。経済は常識を手玉にとる、常識を手に入れる為にテレビゲームを親にねだった子供達がどうなったか、だから現在があるのさ、トホホの私的見解ではあります。

オランダ・フェスティバルでの中心的作品「TIME」は現地では大成功した。七十分出ずっ張りのソロ・ダンスは深くて微細な体験の連続だった。カラダの内部細部への夢中の集注に我《われ》は消失していた。果てしの無い開かれた可能性をもつ音空間と舞台空間を提案した坂《さか》本龍一《もとりゅういち》さんと高谷史郎《たかたにしろう》さんに僕のカラダは応答し切れては居ない、が、変容は成った。時は成った。僕の内なる常識野郎どもに恫喝してやった。空《から》になった心もカラダも気持ち良い、時差はとうとう成田までもち越してしまった、よほど僕のカラダは日本が好きなのか、日本と言っても日本という島、日本という位置が好きなのだ、人間のつくった国ではない、祖国は自然に較べたらまだまだだ。

旅の最後に新型コロナウイルス対策の為成田で三日、狭いホテルの一室に閉じ込められた。監視を感じる。あまりの古い体質の設定に、泣きじゃくりそうになる。細かくは言わないが、これは全身へのロボトミーだ。大人は本当に常識という前提の捕虜だ。もっと壊れようぜよー。

2021/7/2

坂本龍一氏（左）は会話で「間」を大事にする。
ニューヨークに渡航するたび親交を深めてきた

戦後は終わらないよ、若者よ

八月になると必ず戦後という言葉が生き返る、戦後はこのところ毎年夏にやってくるのか、十五日の終戦記念日をピークにして昔日本国に起こった戦争にまつわることごとがマスメディアを通じて報じられる。結構なことだと思うが、大東亜戦争が太平洋戦争となり第二次世界大戦となる、アジアのいたる所に兵隊を、そして死者を残したままヒロシマ・ナガサキそして終戦。戦後とは戦争の戦いの後の何を指して言っているのだろうか、戦後七十五年を日本人はともかくにも経験してきた、日本で終戦の年に生まれた僕は七十五年の戦後という時間を生きてきたことになる。

小さくて殆ど記憶に残っていない朝鮮戦争、続いて十歳のときから二十年続くベトナム戦争。高校一年生十五歳のときには六〇年安保闘争。日本ではなくアメリカの介入した戦争に日本は、いや僕の暮らしのすぐ近くにまでアメリカは震動を伝えていた、と思う。六〇年安保での大学生や大人達の必死の姿は脳裏から消え去らずにある。米空軍の立川基地・横田基地を近くにする八王子で育った僕には米兵が市内の繁華街を歩きたむろする姿やMPで知られていた米軍憲兵のジープが走り廻る様も覚えている、戦争に負けた国だ、というのは子供でも分かっていた。基地の兵士によるマーチングバンドを八王子市中で初めて目にしたときには本当に「格好いい！」と思った。強さと格好が一緒くたになっていた。

負けた国日本の大人達はアメリカとどう関係してゆくのか子供心にも考えたものだ。総理大臣という文字にしてすらも恐ろしい程の偉い人が日本にはいるのだ、ということくらいは知っていたし「マッカーサーのハゲ頭！」と大声で歌ったのも覚えている。戦後という時間の折々にアメリカと日本の偉い大人達は何を公にし何を秘密にしてきたのか、何だか格好悪い国日本、格好悪い日本の大人、という子供心が僕の基調になったようだ。小さな頃から成長の遅かった僕はいつしか、子供のままでいたい、もしくは子供をひきつれて大人になる、あるいは子供の視点を維持しよう、と、格好悪い大人にはなるまい、と戦後にジジイしている現在でも思っている。

それにしても戦後日本の隅から隅までアメリカの現代的文化とその多様な表現は水脈のようにして染み込み続けた。日本を変えた、と言っていい。十代半ばにはＦＥＮ（Far East Network 戦後、一九四五年から在日米軍向けに放送されていた極東放送網。現ＡＦＮ）を通して流れてくるアメリカのヒットソングに夢中になり、ジャズ喫茶で煙草を燻《くゆ》らしていたり、次々と流行するアメリカ発のダンスに夢中になったりもした。流行はまさしくどこかに流れてゆくものだが、一方で生活の変化を促す物達の普及は日本人のカラダと時間を変えてしまった。電化製品の数々は車と同様に新しさを追い求める新手の本能とも呼べる情動にもなった。言ってみれば生活レベルの晒しあいだ。優越感の解放だ。勢い衰えず買い換えは矢継ぎ早にさらには使い捨て社会の真っ只中だ。ここまで来るとアメリカと同伴しているとしか思えない。終には核燃料の使い捨て、行き場決まらぬ事態に未来は宙ぶらりんだ。バーチャルすぎるってもんだ。格好悪い大人も未来も僕は見たくないのだ。

2020/9/11

井月　ただ大切なのは自他の命

二〇〇九年から一〇年一一年と二年間、月一度信州伊那を訪れて映画撮影に参加していた。江戸時代末期にふらりと伊那に現れ、住居を持たず一宿一飯のお礼にと俳句を置き、伊那の人々には現在でも「井月《せいげつ》さん」と親しまれている俳人井上井月の後半生伊那時代を追跡

映画『ほかいびと　伊那の井月』
（監督：北村《きたむら》皆雄《みなお》、2011年、ヴィジュアルフォークロア）。
桜のもとで井月役の著者はオドった。写真：平間《ひらま》 至《いたる》する映画で井月役を頼まれた。プロなぞとは本人は思っていないのだが僕以外の出演者はすべて素人、実に小気味好い撮影が続いたものだった。井月の俳句をお手本にしながらの知覚の旅、オドる者としては願ったりの感覚、稽古この上なしの日々。自然の生命に人の礎を預ける俳人井月の何も要らない精神に僕は暫し同行したのだった。

武士を捨てての放浪の旅の末の伊那、季節感溢れる人々の暮らし、何も要らない、ただ大切なのは自他の命。美しい人生だ。井月も見惚《みほ》れたに違いない数々の古木、ソメイヨシノ以前のサクラ達は真に見事だ、僕は満開のサクラと満月の光に心震わせオドったのだ、いや映画全編オドリが降っていた。樹木希林さんのナレーションも素敵だ。種田山頭火《たねださんとうか》が井月のまあるい墓石にすがり「やっと会えましたね」と話しかけたと聞いた。少年同士の憧れは命を超えることもある。彼岸と此岸の語らいは常に切なくはかなくしてある。無数の沈黙で成立している歴史、今でこそ様々に知覚を通して記録され、沈黙が現実化する訳だが、それでもなお僕達の頭脳は現実を縮小する方向に働く、残念至極！

何故、この今、僕は井月のことを書いてるんだろう、と思い考える考える。徳川の終焉から明治政府の成立まで、日本史上の大事件が国中を席巻した。権力権威の移動、制度の崩壊と成立、混乱と再生。それは戦争を伴って同国人同士が殺し合い人を抹消した時代だ。その時代に井月は伊那で何も要らない何処にも所属しない唯一俳句という文化自然の中に居た人だった。新政府の制度に井月は収まらない人間だったのだ。登録の為の仮の住まいを準備されてもなお井月の現実は世の中の現実とは無縁だった。やがて野垂れ死にの時がやってくる。

想像を超える距離を毎日移動していた井月の喜怒哀楽は感情のそれではなく、自他の命の語り合いにこそ生まれたに違いない、それこそが井月が知り感じたい現実というものだ、と思う。たとえ表には見えなくとも人は各々別の現実という知覚を持っている。だからこそ皆唯一なのだ。唯一無二の井月の死んだその日は三月十日、何と僕の誕生日だ、単なる偶然だが僕には僕の現実感がある。野垂れ死に！　辞書などにはみじめな死に方とあるが、そうだろうか？　ま、いいか。

三月十日死の撮影の後スタッフと伊那の人々大勢さんとでクランクアップの打ち上げ兼誕生会、祝いの品に何と高遠桜の苗木二本が伊那の市長さんから贈られた。喜びのまま自宅に持ち帰り、翌十一日、実はこの日は野垂れ死にの弟の命日だった。昼が過ぎ僕は馬の背にまたがっていた。馬の歩行停止と硬直で地震を知った。飛び降りても続く震動が東日本大震災の知らせだった。明くる日高遠桜の苗二本家の前に植えて早十一年、今年も雨の中たくさんの蕾《つぼみ》をふくらませた。あと三日で開花だ。ウクライナでは望むべくもない死が続く、続く。

2022/4/8

見せしめの刑

テレビで見たウクライナ戦争の報道のひとコマが頭から離れない。巨大な箱車の後ろ扉の向こうに大きな長い筒状の物が見える、長い土管のようにも、並の大きさではない、箱の奥の方だから全体が分かるはずもなく、音声とテロップに頼らざるを得ない。「射殺されたウクライナ人の死体を火葬する為のロシア軍の車輛だ」と聞こえてくる、テロップにも火葬という文字が、ふざけるな、火葬とは、葬送の一手段として遺体を焼却すること、と辞書にはあるし僕もずっとそう思ってきた。遺体にはその人の決定的不在と最も深い孤独の証しがある。遺体にはその場に居合わすべき人々や知るべき人々との縁が連なる。子供の頃、まだ電話が普及してなかった時代、青年達は亡くなった人の臨終の様を時を構わず近郷近在に走り廻って伝えたものだった。だからこその通夜だ。

人々を惨殺しそのカラダ亡骸を火葬する、その為の車輛がキーウ周辺に十四台も見かけられたというニュースに僕は怒りでふるえた、火葬という言葉にさらに刺激されて僕は固まった。死体を焼却処理する為の車輛、虐殺の証拠を隠す為のロシア軍の行いの様を説明するのに何故「火葬」が使われるのか、戸惑いは大きかった。火で葬《ほうむ》ると考えることもできるな、と思い付くのに何と時間のかかったことか。土葬と火葬の違いだ。そうだ、モスクワ市立の演劇学校でダンスを受け持ち教えていた頃、芝居の演出家と交わした興味深い議論を思い出した。十八世紀スペインの画家ゴヤの版画を題材にし舞台を創作していてその装置を灰で塗り込めるアイデアを提案したときの演出家の反応から始まった議論だ。結論は宗教風習の違いがもたらす好悪の感情だ。ロシア正教はソビエト連邦時代ほとんどの教会は閉ざされていた。弾圧の程は知らないが共産主義にとって宗教は無用であること理中の理に違いない、にも拘わらず、僕が初めてモスクワを訪れた一九八〇年代半ばすでに教会の活動はボチボチと再開し始めていた。二度目のモスクワはチェルノブイリ原発事故の後だった、秘密のうちに上演された僕のオドリの公演の翌日モスクワ郊外の大きな教会でのどこまでも深い体験は今この瞬間にも僕のカラダによみがえる。

ロシア正教では死者は土葬される、火葬は見せしめである刑、何という違い。かの演出家は死を連想する灰を忌み嫌っていたのだ。さてロシア軍の虐殺隠しのプロセスの内にこの火葬・火刑が加味されているとしたら、僕の思い過ごしであってほしい。戦争脳が作り出す言葉の数々こそ火刑台に上げるべきなのでは。

遺体が土に還っても灰になっても黒潮に流れても怪鳥についばまれても死は地球とともにあり、地球になる。死は私とともに迎えるべきで決して絶対に他者によってもたらされてはならない。全ての人が唯一の死を自ら迎える権利と自由を人類が保障すべきだ。僕達は相変わらず進歩進化し続ける環境に置いてけぼりの古代人だ。

2022/4/22

大きなカタマリが記憶に加わった

プラハの朝、四時、空は仄《ほの》かに色付き始め鳥達の会話がアチラコチラで始まる頃だ。ホテルの部屋からベランダに出て朝の空気にカラダと頭を晒す。タバコをふかし馴染んだカラダの（きっと脳の中なのだろう、が僕には他の場所でもよいのだが）中に浮かんでくる混然としたコトゴトを……きっと僕はそれらを弄《もてあそ》んでいるのだろうか、今日の始まりにしては余りにも不用心だ。そんな気分の中でときどき、浮雲のようになかなか形を変えないで目の前から消えてゆかないコトゴトもある。偶然の仕業か、成長の必然なのか、そんな浮雲を「自分」に引き寄せ時をすごすのが僕は好きだ、いや好き以上に日課にしている、と言える。

一週間前、プラハに発つ数日前、僕に又一つ大きな固まりとなった記憶が加わった。恐らく僕のこれからの生命に、このカタマリは姿形を変えて現れてくるに違いない。浮雲にしては重すぎる。いつか浮雲のように変容する日が来るのだろうか、にしてはきっと僕には時間が足りない。

写真家の友・田原桂一の死を、僕はカタマリと形容した。その訳を書き留めておきたい。田原が危篤と連絡が入る、今夜がヤマと言う。覚悟はしていたけど、こんなに早くに、と、コトに仰天しながらも田原に文句を言う自分。急ぎ畑仕事を切り上げ早々に東京に向かう。病院は嫌いだ、誰もがそうだからなおさらだ。田原の集中治療室の廊下に数名の人、医者、看護師が出入りする様を映像にして隠れている僕がいる。長い半刻だった。招かれて入った部屋のベッドにはもちろん田原が横たわっている、田原だ。鼻口をおおう酸素マスク、田原夫人は背中をさすり呼吸の手助けをする、一体のようだ。「泯さんが来たわよ!」と夫人が田原の耳元に叫ぶ、「ウッソー」と声出し目開き僕をさがす田原、目が出合った。暗色のレンズとしての目の奥に僕の知りようもない意識の、魂の田原が居る! 手を握り腕をつかむ。やっとのことで呼吸と分かる呼吸が感動的に美しい。僕は「大丈夫だよ!」と誰にでもなく語る。

その場に居る理由を見つけたくなかった。カラダの内に田原の姿がたしかに横になって入ってきた、闘い続ける田原に手を貸すことのできない絶対的尊厳、僕は家に帰り田原を想いながら日常を続けた。僕は超現実の者だ。朝、茶畑で労働している、来年の豊かな茶畑を夢みての労働。夢中で動く、空が呼吸する、樹々が呼吸する、皆、夢中だ。僕は超現実、現実。ポケットで電話が泣いた、田原が未明に息を止めた。……夕刻、田原の家の広間、布団に入り静かに眠っている友に会う。夫人の話「最後の最後で、田原はマスクを自分で取り壊し、自分の呼吸をしたの」。友の白顔は限りなく美しくそこに存在した。

他者の痛みに想いを致すとき、不可知不可能を超える精神が僕達には必要だ、でなければ、人の死は屑《くず》だ。死こそ自分のモノだ！

2017/6/16

第八章

オドリの言葉

あなたも地球になりますか？

六日ぶりに昨夜、京都から山梨に戻った。今はわずか山頂だけ見せている富士山を正面にして緑と自然の声を聴きながらえんぴつを動かしている。頭上の青空が昨日までの雷と雨を心配しながらの京都での日々からの解放を教えてくれているようで嬉しい。

山鳩とツクツクホーシがそこと向こうで鳴き合いっこ、そよ風がカラダにさわり行ったり来たり、ゆるやかなリズムだ、トンボが近くで舞い舞いする。年毎に花の数が増えている彼岸花が今年は群がって咲いている、赤い！　西側の森で数羽のカラス、たくさんの言葉を使いこなしているのだろう、西陽がかげった途端に会話が変化したように思えた。何万匹かの生き物が、やってくる夜に向かって全身で営みを繰り広げている。

小さな村の一隅なのに一匹の人間には広すぎる程の自然が僕の周りにある。僕は間違いなく生き物のすべてが生まれて死んでゆく自然に所属している、僕らも一緒だ。すべての生き物が水と大地と空と陽光と月光を命の糧として生を営み、地球そのものになろうとしている。こんな感じが僕は大好きだ。

子供の頃から自然の中にいることが好きだった。人と一緒にいることより自然相手の方が面白かったし、今の言葉で言えば驚き！と言えるような気持ちがいつも全身に湧き立っていたのだと思う。言葉の記憶が無い代わりに感覚の思い出は減ってはしまったが未だ数々残っている。自然の内側に居るとき、目に見える事象の表面には何だか分類とか数値とかの僕の欲求とは異なる範囲に連れていかれそうな恐さがある、だから僕は見えることや象《かたち》のその向こうを感じたいと思っている、小さい頃からずっとそうだったように思う。

例えば人の顔色を窺うという言い方があるが、僕は大人の顔を見て咄嗟《とっさ》に自分の喜怒哀楽が動いてしまう子供だった。今でも変わらないが、動きを抑えるようにはしている。表面の向こうに行きたい届きたい、という欲求は僕の内で感覚に移行していったのだろう。例えば物事との距離が良い例かと思うが、距離は一定なのに対象に近づいたり対象が近づいたりする感覚になることがある、これは対象に対する集注力が強くなることだと思っているが、とにかく、表面は言葉や形になりやすい。これはリアル・現実ではない、と思う。

家に戻って仲良しの空気と自然に囲まれ青空以上に空っぽになれた。えんぴつでカラダに訪れる刺激を記述していると、何だかそのままオドリに入っていきそうな気分になる。京都での六日間はオドリのことばかり考えていた。二条城音舞台というイベントだ。二条城の歴史を見届けてきた松の木の精霊が僕に与えられたオドリの動機だ、確かに二条城はたくさんの松の木に守られているかの趣で松の存在は圧倒的だった。仮設の舞台も巨《おお》きな松を仰ぐようにして設置され格好のオドリ場となった。空の下の公演！　雷と雨を恐れながらも大自然を抱える大空と大地の境目で、自然の申し子であるべき僕ら人間がこれも自然が始めた表現であるオドリと音楽を遊ぶこと。これぞ愉快この上なし。世界文化遺産・国宝と称される場も、愉快だったに違いない。頑張りました。

2022/9/9

言葉が生まれる前のオドリ

今では日本と定められたこの島の祖先達がまだ文字をもっていなかった頃、「オドリ」という音・言葉があった。オ・ド・リと祖先達が声に出すのを僕の耳で聞きたい、と想う。文字の発達は言葉の充実に不可欠だからこそ、文字以前の「オドリ」に僕は恋い焦がれる。人々がオドリをどんなこととしてとらえていたのか意見を聞きたいのだ。後に、オドリは表音文字の時代を経て意味を表す表意文字としての「踊り」になる。このとき、人々はどの程度それまでの「オドリ」を文字に集合可能と踏んだのだろうか。オドリにとって決定的な試練の時がこの時だった、と思う。

母音や子音の特定がゆっくりと進み、その組み合わせで言葉が共同で認識され始めた。その頃、人々の身体の中には一体どんな心がうごめいていたのだろう。現在の僕には到底想像できないことごとが人々の日常の身体に起きていたに違いない。現代では本能と呼ばれているような事柄、感情、意識、記憶。不思議だ。これらは今では普通に僕達現代人には備わっているのに、彼《か》の人々には未熟の状態だったと思われているのだ。脳の発達進化の途上で、人々の心（と呼ぶしか僕には考えられない）の動きの中にオドリの原種と言ってもよいようなことが混ざってはいなかったか、そんな想いが近頃の僕の頭の中ではうごめいている。脳が言葉を扱うようになる以前の話だ。手話もジェスチャーも言葉あっての動作だ。

縄文時代の土偶の中には女性器からの出産の様を像にしたものが多く出土していると聞く、生命誕生の神秘と同じくその死も又神秘であり驚異の事実であったに違いない。言語脳の発達以前の人間の群を原始的と思う気分は僕には無い。現在でも新生児の生まれてから数年の言語脳の発達と意識の誕生の過程を見れば、幼児期の記憶できていない数年が僕達にとってどれほどの宝であるか言うまでもない。幼児は差異よりも相似を喜ぶ。幼稚園ではよく見かける風景だと思う、一緒を楽しむのだ。ジャンケンの勝ち負けを分からない幼児が喜々として同じ手を出し続けるのを見たことのある大人は多いはずだ。僕は、昔、オドリの原種だ！と思った。登校下校で列を作って歩かされるようになってしまい、友達と歩調をそろえて歩いていることにふと気が付き、心が温かくなるようなこと、はもう無いか。一緒の瞬間に同じ歌を口ずさんでいる友を確認する喜びも又格別だ。

思えば似たようなことが僕達の日常のあちらこちらに存在しているこれらの「沈黙のコミュニケーション」、沈黙の一緒は、間違いなく言葉以前のオドリの原種だ。オドリは人類の始まりから存在していた、と僕は思う。多くの場合、オドリは一緒を求めていた。差異を表すのはずっと後のこと、身体表現の一種として分類されてからの話だ。時代は常にオドリの流行と共にある。しかし僕達の生命とともにあるオドリは……無くならないだろうか。

2017/10/20

言葉からの解放

きっと腹も使ったに違いないと思うが、息を出しながら喉も鼻も舌も、もちろん口も唇も総動員して息を音に変えてヒトは言葉を発明していったのだろう、だろうか。一生でやりおおせる仕事（と思っていたかどうかも怪しい）では元よりなく、偶然の発見が手伝って共通の交信、共同の認識ができるように成った、それも幾万年もかけてのことだ。感覚も好き嫌いも、記憶も一大事も、語りあうこと叶わず。思うことも考えることも、頭の中を動き廻る言葉の存在なく、一体全体どうやって思い考えしたのだろうか。何一つ専門的に勉強したことのないヒトである僕は相当の当てずっぽを出任《でまか》してるのだが、気の遠くなる程のゆっくりした変化がときに他愛のないキッカケに進歩が早まったりして、にしても、ヒト達は地球の彼方此方《あちらこちら》で言葉の未来を予測したのかできなかったのか、まさか言葉がカラダを追い越し置き去りにまで至る羽目になろうとは。

鳥達の鳴き交わす声に刺激をもらい、ヒントにしたのか、ヒトは声から言葉を発明し始めた、という説があるようだが、近年では鳥類言語学と称ぶのか、フィールドワークを基本に鳥類の言葉研究が日本の研究者を先駆けにして進んでいるようだ。種が違えば必然鳴き言葉も違う。鳥はヒトよりはるかに歴史が古いから彼らもまた言葉がどんな偶然と必要に促され発達したのか想像もできないが、鳥類もヒトと同様多くのオドリと呼ばれる動作を言葉以上と思える程に伝承している。楽しいではないか。

言葉の進歩の速度は一定であろうはずもない。母音子音に代表されるような発音の基本型が発明されるやその速度は大いに変化していったに違いない、音の連なりと物や事の意味の同定には宇宙の始まりのようなカオスのときが渦巻いていたのではないだろうか、楽しそうで、夢一杯だ。文字はまだない、が何とも予兆は感じて嬉しくなる。地球上の彼方此方でそれぞれの事情と偶然で進歩の順序すら異なる言葉の発見発明を生じ得たのだろう。

さて、オドリという言葉、未だ語原は未詳のまま、オドリの意味には何と踊り・躍《おど》り・ダンスなどとある。オドリという音を出す言葉があった、と何故考えてくれないのか、文字を使い始めてすぐにオドリは踊りと躍りを得た。躍りは間違いなく心の領域だ。スゴイではないか。民俗学の折口信夫《おりくちしのぶ》さんはオドリは音《おと》トリ、あるいは男《おと》トリではないか、と書かれたようだが、僕はもっとたくさんで多様なオドリという音＝言葉ができた根が訳があるに違いないと思うのです。感じて知りたいのです。

言葉の進歩は他者と自分との境目を鮮明にし同時に不明にもした。ヒトの感情が他の生物より一層豊かな感情・情をその進化の過程で得たことは他者との境目にオドリがより育つことを促した。オドリは早くも意味の伝達という役目から解放され、名前のない物事、名付けようのないオドリへと変容を始めるのだった。昔、三十代の若造だった頃、寺山修司さんに呼び出され、十人程の座談の席で「他者の痛みについて話せるだけ話せ」と問われ、長い自分の沈黙と饒舌な他の話し手達の中で「カラダの中へ降りるしかない」と思ったものでした。

2022/7/15

偶然はひとつではない

すべての生き物は速度をもって生きている。生きていることが速度そのものだと言ってもよいような気分で、この原稿を書き始めてしまったが、えんぴつを握り文字をしるす動作も、いまこの瞬間に促され速度を発揮している。単細胞の生物も僕達人間のように気の遠くなるほどの数の細胞の集合した生物も、植物だって、みな速度をもち、速度を操り速度に支配され、さらには守られて、その存在が成立している。

動くということは常に速度を伴う。が、肉眼で見える速度だけで生きているなどと言っているつもりはサラサラない。見えてはいないが明らかに存在している動き、速度に支えられ守られているからこそ生き物は存在する。例えば植物、彼らが水を根から吸い上げ葉の先端にまで運んでゆく、見えてはいないがこの速度は驚くほど速い。助けを求め葉が萎えた植物に水やりをしたことのある人はご存じだろう、水を運ぶのも植物の機能としての速度、そして萎えから立ち直る運動も細胞達の速度。生き物にはその存在を支える速度が内蔵されているからこそ生きていることができると言えると思う。外見ではなく、その内側の速度が停止することで、人も、もちろんその存在は終わる。

オドリに惹かれ、その訳を自分に問い続けた、五十年も昔からだ。今もってオドることの真意を語ることはとても困難だ。オドリはあった、オドリは始めたのでも発見したのでもなく、人のカラダとともにあった、と今の僕は思っている。例えば、人が立って歩行することの訳をひとつに特定せずに「偶然」としていることを僕はひどく気に入っている、偶然は無数だ。事態を巨視的に見なければ世界は常に利己的になる。ひとつの理由で偶然がひとつ生まれたとしても、それが多数無数生まれたからこそ人の必然となる、といった案配が好きだ。オドリは人のカラダとともにあった、つまり言葉以前のことだ。

無数の偶然と伝播のおかげで人は人類となり人間にまでなった。つまり人は個体個人でありながら、そうではない。だからこそ孤独は無数の偶然を了解するかけがえのないチャンスなのだ。同時に孤独はオドリを発展させたに違いない。万余の時をかけて人は喜怒哀楽を醸成する。無数の偶然によって人は動物的衝動を感情のレベルにまで高めた、これは奇跡だ。オドリは孤独と集団のうちにその意味を感じ始めたのではないか。

人がカラダの内側の神秘を考え始めたのはいつの頃からなのだろう、自然の時間が一定であることを知ってはいなかったはず、内側の動きに耳を澄ませカラダを知ろうと思ったのはいつの頃からなのか、医者のような人の役割はどのような偶然から生まれたのか、本能のスキマ？　僕はシャーマンはオドリの秘密を手にした人だと思っているのだが、その能力の母体は？　現代では、人のカラダの内部のネットワークが驚異的な速度で解き明かされつつある、内部の速度の秘密が分かるということは、動く人オドる人のことがもっと分かってくるということか、「速度」は僕にとってキー・ワードだ。

2018/8/24

オドリは体育系なのか

本当に悔しいことではあるが、日本ではオドリは体育教育の一環として使われ成立している。まず、僕の経験から、七十年も昔、運動会の演目（競技種目だったか定かでない）で女の子と混ざってオドリみたいなことをやった記憶はある。小学校高学年になりフォークダンスが運動会で披露されるようになり父兄も混ざって賑やかだった、その頃にはすでに僕自身神楽や祭りの山車《だし》の舞台でのオドリ、加えて盆踊りに熱中していてフォークダンスも嫌いではなかったが、運動会での様々な競技競走に混ざってのオドリ擬《もど》きに違和感があったのが正直なところだ。

不思議なことに中学校時代の運動会の記憶が全くない、思い出せないのだ。クラブ活動でバスケットボールをやってはいたが、運動体育は何をやっても得意にはなれなかった。すべての運動に遅れをとってはいたが、祭りでのオドリには熱中することができた。男女別々の体育の授業で女子が何をやっていたのか何も知らない。高等学校になると女子の体育の授業で創作ダンスと呼ばれることをほんの少しやっている、と知った。同じ頃、普及を始めたテレビで外国から来た舞踊団のオドリを見て感動した。学校では体育教育の内にオドリはとどまり学校の外ではオドリは芸能芸術の一つとして扱われている。祝い事の席には必ずと言ってよい程歌とオドリが発生した。テレビで見る日本各地の祭りにもオドリは無縁ではなかった。

運動会や体育の授業、つまり体育教育の場にオドリが取り込まれていることにより強く違和感を持ち始めたのは僕が大学に入ってまで続けていたバスケットボールに挫折し、様々な疑問と迷いのうちに決心して街の舞踊研究所でバレエとモダンダンスを習い始めてからのことだ。日本の大学ではオドリは体育系の学部学科で教えられている。文化系ではない。小・中・高と学校教育の現場で体育に組み込まれているダンスがそのまま大学にまで引き継がれてゆく。競走の結果の勝敗が競技の前方に常に在ることに、勝敗に大方の重点を置く合目的な精神論、そしてその業界とも呼べるようなピラミッド的構造を支える年功序列。挫折前後の様々な思考はオドリを学びながらも続き、未だに僕の気分は晴れないが、子供のような疑問にしておきたい。

なぜオドリは体育系なのだろうか、なぜ文化系ではないのだろうか？　隣国韓国では芸術大学でオドリは学ばれ研究される。確信はないが世界中で日本だけが今でも体制を変えずにいる、のではなかろうか。体育授業での創作ダンスの輸入元ドイツでも最早ダンスは体育教育とは無縁だ。……恥ずかしながら文部科学省の体育の指導要領を読んでみた、初めてだ。小学校低学年の項に表現リズム遊びというのを見つけた、曰《いわ》く、「表現遊びでは、身近な題材の特徴を捉え、全身で踊ること」「リズム遊びでは、軽快なリズムに乗って踊ること」とある。泣けてくる。動くこととオドることを一緒にしてしまうのか、もう続けられない。世界唯一のオドリの宝庫である日本の権威がこの様《ざま》だ！　オドリに見放されそうだ。涙。

2022/2/25

オドり続ける訳のひとつが

人を選ぶ方法に多数決という方法がある。人を選ぶだけではなく集団の意思決定や物事の優位性にまで多数決という方法が幅をきかせている。矛盾含みの諦めに近い気分で投票なり挙手をした僕らは物事の成り行きを見守るか忘れ去る。制度の横暴とでも言いたくなるような人の知恵の手抜き。円滑にという良さそうな言葉に引き連れられて無数の制度が僕達の日常を取り締まっているように思えてくるこの頃だ。いやもっと昔からだったか。過半数が勝利し権力権威をものにする、そして何が残されるのか。中央の政治は、日本国内全ての行政の見本だ。地域の特性とは無縁の権力の幕藩体制がまだまだ続く、首都に人を集め繁栄を極めて何になる。縦型社会の制度好みは多数を管理する権威の常套手段だ。

選挙は良い人をときに見つけ出すが、悪人も生み出す。身体検査などという言葉が選ばれた議員に向けて放たれる如く、怪しさを撒《ま》き散らす議員先生達は次々と臆面もなく再三と怪しさを撒き散らす。戦後七十八年日本人は矛盾や不条理の行方を忘れ消費・進歩・結果を賞賛する国民にたどりついたのか成り下がったのか。

詳細は知らないが、日本は富裕層の人口が世界第二位だという。その割合がどのくらいなのか知りたいところだが、政治家達の自信ありげなのほほんとした顔付きを見れば納得しないでもない、そのとおりなのだろう。東日本大震災から十二年、三万人近い人々が生まれ育った地に未だに戻れないでいる。巨大地震は間違いなく起こる。気候変動で人間以外の生物は地球上を大移動し始めている。福島原発の事故以後、原発から自然エネルギーへの移行が期待され、環境への意識も増大し、広島・長崎を知る外国からの眼は福島から離れてはいない。核燃料サイクルの未成立のまま、あろうことか、原発の最大限活用、新型原発の考案、原発回帰などなど、驚くべき言葉が岸田総理大臣から飛び出した。「国民の理解を得てことを進める」と言葉は並んで出てくるが、本気でこの言葉を聞く気になれない。

と、ここまで僕の幼稚な言葉で人の世の不始末に嫌気沸騰のムカムカを書き殴っている矢先、大江健三郎さんの訃報のニュース、一瞬にして僕の熱度は地下に落っこちた。読者だった僕は大江さんの刺激をまともに浴びた数々の本の中で『M／Tと森のフシギの物語』（岩波文庫）は、特に感動した一冊だった。物語中のエピソードをオドリにしたい旨の手紙をたくさんのサツマイモと一緒にして送ったことがある。しばらくして何冊かの大江さんの著作本が送られてきた、サインと激励の言葉をそえて。

それから十年余りして東京・中野のスペースｐｌａｎ－Ｂでの僕のソロダンスを見に一人で出かけてくださった。誰もが去ったオドリ場で大江さんはモジモジしながら「新しい人に逢えました」と、ひとこと。胸いっぱいになった僕の感激は今も体液となり生き続けてる。オドリ続けることで連帯しているムカムカを無謀に文字にしていた衝動の訳はこのことだったのかと合点勝手だった。言うまでもなく、大江さんは反戦、反核兵器、反原発、憲法九条の会の伴走者だった。

2023/3/17

僕のカラダで彼らがオドる

寒い！　今日も太陽が顔を見せてくれているというのに、寒い！　まもなく昼だというのにマイナス温度だ。室内から外へ、寒気にブルッ、わずかの針葉樹と小さな茶畑以外は冬枯れした木々がみな揃って冬眠中、かき集めて肥料用に蓄えてあげる暇もなく落ち葉そこかしこに留まって地面を隠す。嫌いな景色ではない、むしろ美しくすら思える。美しさとはそれぞれだ、枝から離れたそのときの風に運ばれて正しくそれぞれの軌跡を描いてそれぞれの場所に落ちる一葉《ひとは》、さらには地面《じづら》を吹く風にさらわれ翻弄されながら移動し続ける、ときには天からの雨に濡れ湿度を帯びいずれかの木から離れた何某《なにがし》かと触れ合い重なり合う。落ち葉一葉でも自然、美しくないわけがない。微視的なミクロな自然の瞬間にも止まることのない地球の創造の営みはある。

それにしても寒い！　今朝八時の気温はマイナス八度、今朝の僕の体温は三十五・八度、いつもと変わらない。大気と体温の差四十三・八度！　体温を逃がさない為、冷気に体温を奪われない為に、頭のてっぺんから爪先まで入念な重ね着をして僕は外に出る。植物ももちろんだが生物のすべては体温を基調としてカラダを保っている。だから裸の彼ら彼女らはその生存区域をそれぞれの種で特定して分布しているのだ。だからこその風景を今、僕は見ている、僕の所属するカラダのすぐ外の環境だ。すべての生物の個体は人間と同じように唯一の個体として生まれ生きているのだろうか、もしそうであるのなら、遺伝子操作はますます恐ろしい殺戮《さつりく》だ。僕の勉強はすっかり遅れちまってるのか、加減が分からなくなっちまったか。

中学校の終わり頃までひ弱な未熟児のままのような子供だった僕は母のおかげで怪我こそすれ大きな病気にかかることなくすごすことができた。自然の豊かさの中で暮らすことができたのも、オドリに出合えたのも、僕がひ弱な子供であることから子供仲間からいつもはぐれ、一人で居ることがむしろ心地好く、好奇心を発揮して自分の感覚に浸るようにして自然に踏み込んでいったから、だと今は思っている。数に頼らず、常識を盾にしない、どこか破れている人が好きだった。

戦争帰りの障害を負った軍人さんを町中の人混みの中に、祭りの折に多勢見かけた、ドキドキした、家に帰って不足を生じたカラダの真似をした。どんな感覚なのか知りたいし感じてもみたかった。同情からの関心ではないことは今でも断言できる。人のカラダの状態や表情に何事かを想像する、知ることのできないカラダの中を空想する、そして自分のカラダをニュートラルに素朴にする、そんな勉強が十代の終わり、オドリを習い始めた頃から続いている。二十代中頃には精神科病院で働いた。水俣病の子供達、ダウン症・自閉症の子供達の前で彼らに近づく為に夢中で彼らの真似をオドった。色素性乾皮症という悲しく怖い病気のことを最近、テレビのドキュメンタリーで知った。YBSの友人の手助けでVHSを入手、鱗太郎《りんたろう》君というその少年のカラダの表情を僕のカラダに受け入れてみようと思う、これまでも僕は少数者のワケをそのカラダの神秘と深い美しさを、僕のカラダに住まわせてみた。彼らがオドるカラダになる。

2022/2/11

唯一無二の人として生まれる

アロハシャツと半ズボン、よれよれの夏ハットをかぶり裸足の僕は舞台袖カーテンの裏で深呼吸を繰り返しながら客席と舞台がまっ暗になるのを待っていた。京都東九条南河原町、鴨川の堤防下の劇場「E9《イーナイン》」、今回で三度目の場踊り「まる」が今始まろうとしていた。ロシア軍のウクライナ侵攻が可能性をおびてきた二〇二二年二月二十三日、怒りとも悲しみとも言えないような、しかし口から飛び出しそうな悔しい単語の連なりをエネルギーに変換しようと楽屋に開演一時間前から籠もるような気分で控えていた。

いつものことなのだが、新しくなろうとして舞台に向かう、教えてもらおうと舞台に向かう。経験に居座るのではなくむしろ経験から脱線し脱皮に突入することが目標なのだ。今日も特別だ、特別な子供になろうとしていた。「お待たせしました。田中泯場踊り『まる』始めます」のアナウンス、明かりがゆっくりと落ち、何も見えなくなる。ペタペタペタと裸足の足音が会場に聞こえている。僕が放つ足音なのに誰か他人の音のように聞こえる、弱々しく方向を失いながら不確かで不安な足音。客席背後両端に点のような小さな光が拡散せずにある、僕は自分の位置が少し分かって立ち止まる。どこでも良かったのだ、僕は立ち止まる。裸足の足音とともにオドり始めていた僕のカラダの中には難病を抱える十八歳のりん君が一緒にいた。真似などできないりん君の歩行とそのカラダを、でも少なくとも僕のカラダは外には見えなくても感じ続けていようと思っていた。

青白い月光とも思える照明が辺りに広がった。りん君は太陽光を浴びることのできない病気を抱えて生まれてきた。寿命は平均三十年、年を重ねる毎に言葉は使えなくなり歩行も困難になる。学校でも家でも日中は遮光シートの帽子をかぶったうえで日陰ですごす。夜明け前と日没後お祖父ちゃんと二人で新聞配達をする、りん君は十八歳、歩行器状の車を押して歩く、コロンと転がるりん君、一瞬驚き即笑い顔、お尻から始まって幾つもの動きで立ち上がる。可愛くて明るい、から余計、つらくて悲しい。今のところ治療の可能性皆無の難病。唯一無二のたった一回だけの命を生きるりん君。

僕は月光のような光の中で、やっと立っていることを体感し、頭の重さに抵抗するように動かす首、使えなくなってもうごめく指、手首などなど、弱さを全身で感じようとしてオドる、気がつくと僕はりん君だけでなく複数の多くのハンディがある少年少女と共にいるような気分でいる。脆《もろ》くて壊れそうな彼らのカラダ、予測のつかない不足を動機にした自由さ。僕の年老いたくせに頑丈で貪欲なカラダが恨めしい。ポトッとよだれがひとつ床に落ちた。客席前列横に外との出入りのドアがある、そこに壁をまさぐりながら歩み寄り、僕とカラダの中の仲間はドアをゆっくりと開けた、光が差し込み空気が場内に流れた。嬉しくてドアをいっぱいに開いた。外光は常にどんな照明よりも明るい。さあ場踊りの始まりだ。唯一無二の人として生まれた無数の個人のたった一度の生。僕は誰とでもオドっている。人の生を抹消する暴力に大義などない。戦争反対。カラダよ生きろ。

2022/3/11

おわりに

オドるように文章を書きたい、とまだ一行の言葉も書けないクセに思っていたのでした。三十代初め頃のことです。僕にとってオドることとはカラダのことだ、と合点したのはそれから大分たってのいつの間にかのことでした。カラダは凄い、そのカラダがこの世に新たに生まれ、死んでゆく、誰ものカラダが唯一無二のヒトである、そう、誰一人として例外ではない、このことが僕の民主主義だと観念しています。

書籍化に伴って選択された文章を読み直し読み返しました。面白くて嬉しかった、オドっているときの心の、感覚の、動きと似たような、表現の内側に居ながら、人の近くに行きたい衝動が常に瞬間にあるのです。オドるように書いている、皆さんはどう思われるでしょうか。四百字詰めの原稿用紙に2Bのえんぴつをもって始めの一行を書く、調子が良ければ次へ次へ、良くなければえんぴつをいつまでもいじくり廻したり永いストップモーションに留まる。そもそも言葉で考えることとカラダの行動とは無縁のように思えますが、何かの繫がりがあるのかも知れず、気が付くときを待とうとしましょう。

ダラダラと書くのも好きだが、今はあとがき途上、物事と常識を外して付き合うような、ときに子供時代からの質問やムカムカする心に引きずられて熱中するような、えんぴつを置いて散歩に出かける行間まる見えの僕の原稿を、昔は手渡された原稿が、郵便からファクスそしてPCを通じて、ところが僕の原稿ときたらえんぴつで書かれた見てくれ悪しきモノ、そのままの姿を写真に写して担当の方に送られる、何ともいい加減だ。とにもかくにも受け入れ続けてくださり連載継続中にも拘わらず書籍化を了解していただいた山梨日日新聞社に心より喜びの礼を申したい、有り難いことです。

えんぴつで書き終えた原稿をいつも最初に読んでもらうのが僕の片腕石原淋さん、世界中で一番多く僕のオドリを見続けてくれる人、原稿をゆっくりと時間をかけて読む彼女の感想が聞こえるまで僕のカラダは休まない、それはそうだオドるように書いてるつもりなのだから、尚のこと彼女の感想は絶対必要なのです。幾度となく告げられた疑問や不満に応えてオドり直すこともあります。謂わば原稿を書くこともオドることも僕にとっては一瞬も止まらないヒトが生きる、その変化の様を自分の内に外に問い続けることに外なりません。カラダという私の住処、その中で蠢く田中泯を観察する石原淋も又オドるヒト、形容し難しだ。

最後になりましたが連載を書籍化する企画を提案して下さった講談社の呉清美さんには礼の申し上げようもない程の何から何までのお世話になりました。本当にありがとう。

二〇二四年　三月

田中　泯

＊　本書は「山梨日日新聞」二〇一五年八月二一日～二〇二三年九月一日掲載の「えんぴつが歩く」から抜粋し、改題・加筆修正したものです。

田中 泯　たなか・みん

一九四五年、東京都生まれ。一九六六年より独自の舞踊スタイルを展開しはじめ、既成概念にあてはまらないダンスを継続。一九七八年のパリ・フェスティバル・ドートンヌでの海外デビュー以来、世界的なダンサーとして活躍する。一九八五年、山梨県白州町（現・北杜市）にて農業と舞踊の同時実践を始める。一九八八年から二〇〇九年まで同県で開催した「白州フェスティバル」は、領域横断的なアート実践、もしくは地方芸術祭の先駆けとして、戦後日本美術史の重要なトピックとなった。フランスの芸術文化騎士章受章。日本現代藝術振興賞、朝日舞台芸術賞など受賞多数。近年は映画やドラマなど映像作品でも国内外問わず活躍。俳優として初出演した映画『たそがれ清兵衛』では日本アカデミー賞最優秀助演男優賞・新人俳優賞を受賞。著書には、『僕はずっと裸だった』（工作舎）、松岡正剛との共著『意身伝心』（春秋社）などがある。

ミニシミテ

二〇二四年　三月一〇日　第一刷発行

著者　田中《たなか》 泯《みん》

発行者　森田浩章
発行所　株式会社講談社
東京都文京区音羽二-一二-二一
郵便番号一一二-八〇〇一
電話　編集〇三-五三九五-三五二二
販売〇三-五三九五-四四一五
業務〇三-五三九五-三六一五

ブックデザイン　鈴木成一デザイン室
印刷所　株式会社新藤慶昌堂
製本所　株式会社国宝社

ISBN978-4-06-533569-7 JASRAC 出 2400554-401

KODANSHA

Peace
えんぴつが歩く 20.
田中
さすがえんぴつ、僕は
誰も信じてくれないかも知れないが、
の男の子達の中で